オランダからの白い依頼状

インドネシアで生まれた日系二世の父親捜し

武井 優
Yu TAKEI

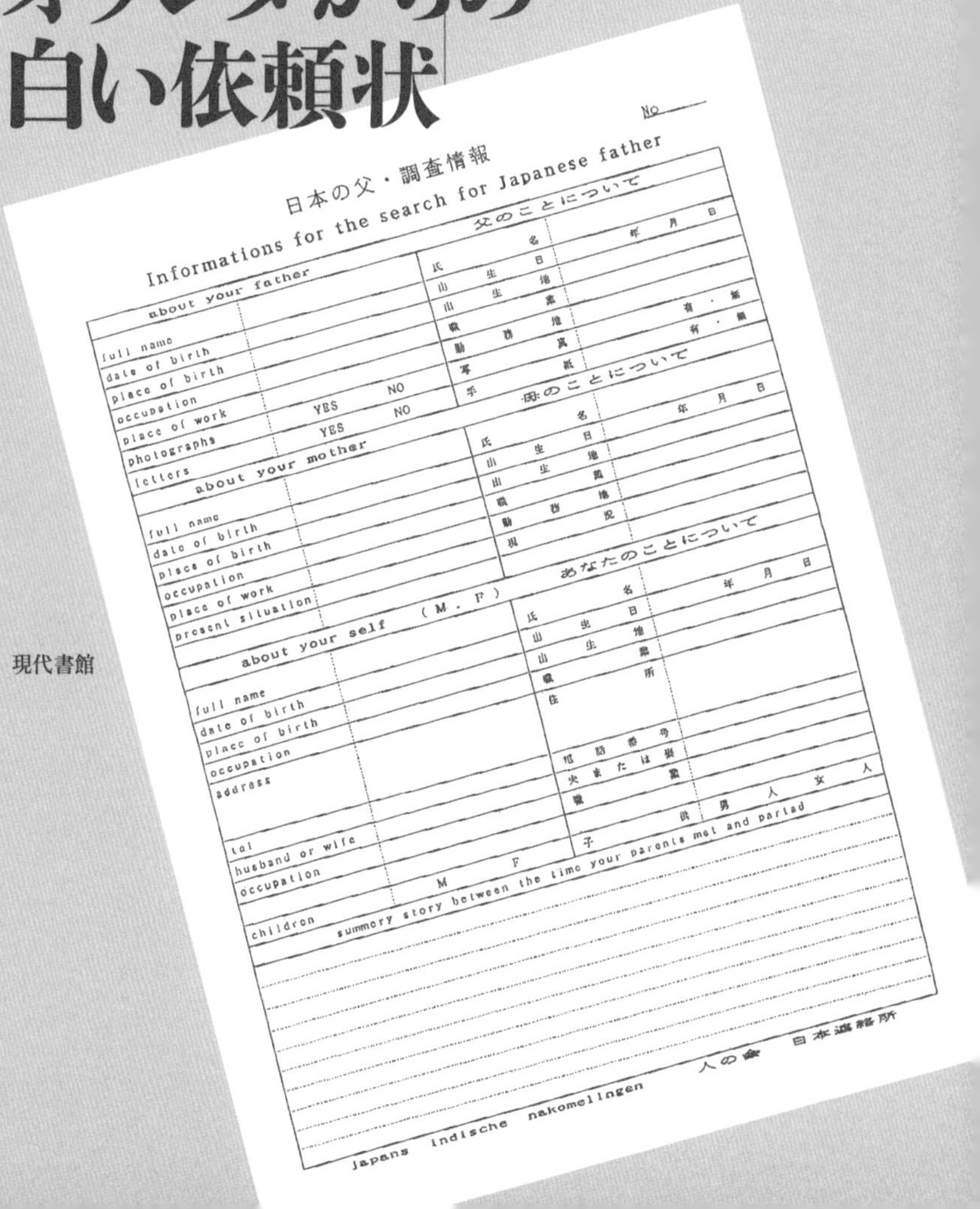
No
日本の父・調査情報
Informations for the search for Japanese father

about your father
full name
date of birth
place of birth
occupation
place of work
photographs YES NO
letters YES NO

父のことについて
氏名
生年月日
出生地
出生県
職業
勤務地
写真 有・無
手紙 有・無

about your mother
full name
date of birth
place of birth
occupation
place of work
present situation

母のことについて
氏名
生年月日
出生地
出生県
職業
勤務地
現況

about your self (M・F)
full name
date of birth
place of birth
occupation
address
tel
husband or wife
occupation M F
children

あなたのことについて
氏名
生年月日
出生地
出生県
職業
住所
電話番号
夫または妻
職業
子供 男 人 女 人

summery story between the time your parents met and partad

人の会 日本連絡所
Japans indische nakomellngen

現代書館

オランダからの白い依頼状
——インドネシアで生まれた日系二世の父親捜し

＊目次

序章　日本・オランダ・インドネシア

「私の父を捜して下さい」

内山馨《かおる》が、在オランダの日系二世の依頼により〈父親捜し〉の旅に出、北陸の日本海沿岸にあったその家を訪問したのは、同地の桜が満開に咲いた二〇〇六（平成十八）年四月中旬のことである。

このとき内山は八二歳――〈父親捜し〉は十一年目を迎えるベテラン。前年（平成十七年度）、日本財団が設置している社会貢献支援団体主催によるボランティア賞を受賞している。身長一六七センチ。痩せた体には白いワイシャツとテーラー襟のジャケット、それに折目のついたズボンを着用。書類の詰まったショルダーバックを肩にかけ軽快な足取りで歩くが、補聴器は手放せない――。

小さな公園の脇に車を停《と》めた内山は、急ぎ足で歩きはじめた。その先には二階建ての家がある。門柱の前に立つと表札を確認した。

「ああ」

安堵の声を漏らし、眼鏡の奥を細めてもう一度その家を仰ぎ見た。腕時計の針は午前十一時半。家人とは面識がない上に、前もって手紙や電話で連絡しているわけではない。こちらの一方的な都合による、いわば押しかけ訪問である。昼前という時間帯がいかに非常識であるか、それは百も承知していた。

門を入り玄関先へと進んだ内山は、ドア横のインターホンに手を伸ばした。

「仕方がないなぁ」

内山の住まいは大阪にある。この旅を一泊二日の予定で組み、JR大阪駅から特急電車で一時間三十七分かけて同地へ赴《おもむ》いたのは、昨日のこと。昨日はこの家を捜すため、到着直後の午前十時から暗くなった午後五時まで、レンタカーで走りまわった。今朝、ホテルを出たのが八時半、それから昨日訪ねた町の隣町へとレンタカーを飛ばした。隣町までは約二二キロメートル（以下キロ）。通常なら三、四十分で着くはずの距離だが、不本意にも昼前に到着したのである。

〈家捜し〉に困難がともなうのは常のこと、ここでもやはり難行した。

今回の〈父親捜し〉の依頼者である日系二世は、オランダの内務省に勤め、官公庁が林立するハーグで、妻と二人暮らしをしている六〇歳の男性・エルンスト・デュスハルト。

エルンストの〈父〉は、戦時中、現インドネシアに派遣され、オランダ人とインドネシア人の混血（蘭印系）女性との間に二人の子どもをもうけた。彼が長男、二つ下に弟がいる。

前々からエルンストは、父親の情報を得ようと、インドネシアへ行ってゆかりのある人を捜すなどの努力を惜しまなかったが、在オランダの弟には父親を探す気持ちがなかった。日系二世であることが原因して職場を去ったという辛い体験があるからだという。

この時期、エルンストが〈父親捜し〉を頼んだのは、同年秋に実施される外務省主催「日蘭平和交流事業」の招待旅行で、一〇人の日系二世が来日するなかに、彼も入っていたからである。

エルンストは三枚綴りの「依頼状」を送っていた。

内山のもとにそれが届いたのは、前年の十一月下旬のことだった。

しかし、そこには捜しの情報源となる父親の記述がわずかしかなかった。父親のフルネームさえ不明、姓はあっても名前がないのだ。出身地もない。父親は戦犯で亡くなっているらしいが、それを人づてに訊いたのか亡くなった場所と時期の記述もない。すべてが漠然としていた。

依頼状を受け取った内山は、即刻、その欠落部分を補うべく難解な調査を開始した。図書館へ行くなどして調査を重ね、知人の知識も借りて、暮れ十二月と新年一月のわずか二カ月間で〈父〉の氏名、出身地、戦時中の職業、死亡原因・場所を突き止めた。父親はスマトラで警察官をし、戦後、オランダの軍事法廷でBC級戦犯として同地で銃殺刑に処《しょ》せられている。

だが、六十余年前の〈父〉の氏名や出身地が判明したとはいえ、これでエルンストの願いが適《かな》えられるわけではない。これらのことだけでは、父親に家族があったのか、今日まで父親の家が残されているのか、親族らしい人がいるのか、といった現在の様子がまるでわからない。

ところが、内山はこの古びた情報だけを握りしめてこの地に入っている。

家族（親族）に会うには「家」を捜さなくてはならない。その前に、父親にまつわる現在の様子を教えてくれる情報提供者を捜すのが先決となってくる。どうやって捜す？　つい念を押して尋ねてみたくなる。答えはこうだ。「情報提供者となる人物は高齢になっているだろうが、草の根を分けるようにしてこつこつと歩けば必ず見つかる」。こんな気の遠くなるような根気と忍耐を要する〈捜し〉を目論《もくろ》んでいた。

内山は自信満々だった。それはこの旅が短い日程で組まれていることでもわかる。ただ自信の根拠となるものは何一つない。あるのは自負心と勘だけ。一見、無鉄砲ともいえる大胆な挑戦であるが、この大胆さは〈捜し〉において格別のものではなかったようだ。

準備はしていた。情報者を捜すための名簿を作成していたのである。それは、大阪の図書館で、同県の地図と電話帳を開き、〈父〉の住んでいた昔の住所（郡）に該当しそうな三つの町に狙いをつけ、そこから〈父〉と同じ苗字をピックアップ。同姓は四七軒（二七軒・一七軒・三軒）あった。それらすべての家主の氏名・電話番号・住所を書き出したものだった。活用法は、手掛かりになる情報を入手したとき名前と住所を確認できる。どんな場所にいようともそれができるため能率的という利点があった。

〈父親捜し〉は三町で一番大きな町からはじまった。面積二万三六〇〇平方キロ、人口約二万二千人、世帯数六千八〇〇。基点は町の総合行政センター。この窓口でまず現在と戦時中の住所の照会をした。そのあと現在の地域地図をもらった。それから〈父〉の氏名を尋ねた。〈父〉の氏名を若い職員が知らないのは無理からぬことだとしても、戦時中の住所をじつに気軽に「ここですね」と返答した。その地域の同姓は二七軒。疑うすべもなく内山は〈父〉と同じ姓の家を目標に定め、山あり川あり、田園の広がるこの地域をレンタカーで捜しはじめたのである。

一軒一軒が遠く離れている上に、道に迷うという土地勘のない者特有の失態を繰り返し、ずいぶんと時間を浪費した。最後は時間との勝負。明るいうちに捜さなければ……焦りのせいで神経がキーンと張りつめ乾いたような疲労感に襲われてもおかしくないが、内山は目的ににじり寄っていくかのように愚痴一つこぼさず、目を光らせ、愚直なまでに〈父〉と同じ姓の家を目指して車を走らせた。努力は実った。ついに〈父〉の手掛かりをつかんだ。それは予想通り高齢者、地域のことなら何でもよく知っているという教師の体験をもつ八九歳の老人だった。老人は〈父〉の死を悼み、〈父〉の亡妻の名前と勤め先、加えて息子の話をした。出兵前の〈父〉には家族があったのだ。ところが老人の記憶からは肝心の息子の名前が出てこない。現在、息子は隣町に住んでいるというが、その場所も知らなかった。隣町には〈父〉の生家もあるという。このときセンターの職員が気軽に教えてくれた地域の間違いに気づいた。昔の住所はこの町ではなかったのである。だが、もうひと息。あとは息子の名前さえわかれば、名簿に住所が記載されているのだから、〈家捜し〉はぐっと近づく。

それゆえ今朝は、早くに隣町へと向かい、ふたたび〈父の家捜し〉。今度は昨日知った妻の名前を出して問うことにした。ある家の玄関先で八〇代前半の老人が、快く息子の名前と住む場所と道順を教えてくれた。内山の車はその通り「あっちの道」「こっちの道」を進んだもののメモを取らなかったことが災いした。案の定、また道に迷い、結局三時間もかかってしまった。昨日が四軒、今朝が三軒。目の前にある家は手掛かりの集積、ようやくたどり着いた家だった。

内山はインターホンを押した。

「はーい」

かすかに返事が聞こえその顔に朱が射した。

片手でドアノブを握って顔を出したのは七十代前半の男性だった。

「はじめまして、内山と申します。あなたのお父さんは〇〇さんとおっしゃる方で、戦争中、インドネシアへ行かれていますね」

「はあ……」。男性は鋭い視線を向け、畳み込むように言った。

「父がどんな仕事をしていたのか、知っていますか」

「はい、存じています」

内山は返事をしたが、互いに父親の職業は口にしなかった。

男性は玄関へと誘った。下駄箱や飾り棚が置いてあるそこは狭かった。内山に気を遣った男性は廊下の上がり框《かまち》に腰をかけるようにと勧《すす》め、自分は下駄箱にもたれかかるようにして立った。ちょうど男性と内山は目と鼻の先で向き合う格好となった。内山は名刺を差し出したあと、いきなり訥々《とつとつ》と、何としてでも伝えなければならない話の緒《いとぐち》を解《ほど》いた。

「インドネシアに行かれたあなたのお父さんには、当時、身のまわりをお世話する現地の女性がおりました。その女性との間に、男のお子さんが二人お生まれになっています」

男性にすればまったく知らない父親の〝顔〟。にもかかわらず話は不遠慮につづいた。内山は訪問目的であるエルンストの希望を交えて早々と核心に触れた。

「お父さんと現地女性の間にお生まれになったご兄弟は、現在オランダに住んでいます。長男のお名前をエルンストといいますが、彼はこの十一月、外務省の招待で日本へ来られます。そのとき、あなたにお会いして、お願いしたいことが二つあるそうです。それは、お父さんの写真を一枚でも二枚でも欲しいということ。もう一つは、お父さんのお墓参りをさせていただきたいということです。私はこれらの要件をお伝えしに参りました」

つづけて、なぜ自分がわざわざ来たのか、という重要な役割も述べた。

「お伝えするのはこれだけではありません。あなたがこの願いをお受け下さるかどうか、聞かせていただきたい。私はエルンストさんに、あなたのお返事を伝えることになっています」

男性は凍《こお》りついたように微動だにしない。そんな様子に頓着せず内山はショルダーバックから書類を二セット取り出し、一部を男性に、一部を自分の膝に置いた。書類は不明箇所が多いエルンストの三枚綴りの依頼状だった。その一、二枚目には『依頼主』『父親』『母親』のことが簡単に書かれ、三枚目にはエルンストの近影写真と母親（故人）の若いころの写真がコピーされている。

男性が書類を読み終えるのを待って写真説明へと移った。母親がオランダで他界していること、弟が父親を捜す気持ちのないことを伝え、「ですから弟の写真はありません」と付け加えた。

ちらりと写真を見た男性は、書類を後ろの下駄箱の上におき、はじめて口を開いた。

「なぜ、オランダのこの人が、父の……父の出征先はインドネシアなのですが……」

日本・インドネシア・オランダ。この三国のつながりがぴんとこないのだろう。無理もないと思い内山は改めて丁寧に要点を語った。

「それはですね、戦争中、インドネシアの現地女性のなかには、オランダとインドネシアの混血がたくさんいました。その方々はオランダ人同様、オランダ国籍が取れたため戦後、オランダへ移住しています。ですからこのご兄弟も、お母さんと一緒にオランダへ移り住んでいるのです」

しばらく沈黙がつづいたあと、男性は口ごもりながら二つ目の質問をした。

「……なぜ、あなたが……こんなことを……」

「戦争中、私も兵隊でインドネシアに行きました。そのご縁でこうしたお世話をしています」

男性は二、三回うなずいた。しばらく沈黙がつづいたあと、男性は次の質問をした。

「この、オランダの人、いったい何が目的なんです?」

「目的といわれれば、先ほどの写真と墓参、この二つのお願いごと、それだけですよ」

「墓参りっていわれても、この人、役人なんでしょう? 本当に何が目的なんだろう?」

今ごろになってどうして墓参なのか、と男性は腑に落ちない様子だった。

繰り返される「何が目的か」を、内山は世間一般の質問として受け取って答えた。

「これまで私がお世話した日系二世のなかで金品を望んだ人は一人もいません。どの方も六〇歳を超えた今、仕事も暮らしもちゃんとしています。みなさん、お父さんに会いたがっていますが、お父さんのことを知らない。写真を見て顔だけでもわかればイメージが膨らみ安心するのでしょう。あなたの異母兄弟になるエルンストさんと弟さんも、お父さんの顔を知らないのですよ」

男性は呆気に取られた表情をしたあと、ひと息ついて反論した。

「突然、異母兄弟なんていわれても……どこに……どこに、そんな証拠があります?」

「お許しいただけるなら、ＤＮＡ鑑定をする方法も、ありますよ」

驚いた男性は胸のあたりで大きく手を振って苦笑しながら打ち消した。

「いやぁ、そこまでしなくったって……」

この機を境に空気はなごんだ。男性は初めて内山に、大阪から来てくれたのですかとねぎらいの言葉をかけ、最近の暮らしぶりの一端を語った。

「定年後に覚えたインターネットで今、世界史や国際法などの勉強をしているところです」

それは暗に、スマトラで刑死した父親にまつわる勉強であることを告げていた。

内山は用件以外いっさい口にしなかった。眼尻に皺を寄せ人の好さを見せながら黙って聞いている。相槌《あいづち》も打たない。男性が話しかけないときは沈黙がつづき重たい空気が漂った。しばらくしてその場の雰囲気を察知した内山はそろそろ結論をと考えたのか、男性の本心に迫った。

「それで、エルンストさんの来日の折には、写真とお墓参りの件を、ご承諾いただけますか」

「ウーン」。何もいわない男性の様子を否定的な回答と判断した内山は、次の確認へと移った。

「そうですか、ご納得いただけないということですね。では、お父さんの故郷であるこの県を、エルンストさんが訪ねるというのはどうですか、会っていただけますか」

「微力ながらそれは国際交流といえますね。ボランティアをしたいと思っていましたから」

妙な申し出だと思ったが、内山は聞く耳をもってくれた男性の気持ちを素直に喜んだ。

「異母兄弟としては会いたくない。県内のどこかで、知らない旅行者のような形でなら、会ってもよいということですね」

男性は微笑を浮かべて軽くうなずいた。

「わかりました。今後のことはお手紙を出しますから、その折に打ち合わせをしましょう」

こう返答して内山はエルンストの〈父親捜し〉をひとまず終了させた。時計は午後一時をまわっていた。少ない遣り取りだったが一時間半ほど話していたことになる。

男性への挨拶を終えて外に出た内山は、公園の脇に停めておいた車のドアに手をかけ、立ち止まって大きな息を吐いた。その顔には大役を果たした充実感とは裏腹に疲労の色がにじんでいた。

その夜遅く十一時すぎ。内山は大阪の自宅の電話で、オランダの日本語のできる関係者に連絡を入れた。父親の家に到達したことと男性の言葉を正確に報告し、エルンストへの伝言を頼んでいる。報告のなかに〈家捜し〉をはじめ〈父親捜し〉全般においての困難や苦労話はなかった。

オランダの日系二世

ヨーロッパの北西部に位置し東はドイツ、南はベルギーと隣接、西と北が北海に面したオランダ王国。国土面積四万二千平方キロ、九州とほぼ同等の小国。現人口は約一六三〇万人。日蘭交流の歴史は古く二〇〇〇（平成十二）年で四百年を迎えている。昨今、この国へは、成田国際空港からスキポール国際空港までの直行便に乗ると十二時間ほどで行けるが、近い国ではない。

チューリップや風車のまわる美しい国オランダ。この国から遠く海を渡って内山馨のもとに送られてくる依頼状。その数は約十五年の間（平成七〜二十一年十二月時点）で七五通におよぶ。

依頼主はアジア・太平洋戦争のさなか、現インドネシアへ派遣された男性と現地女性との間に生まれた子どもたち。男性とは、軍人・軍属（軍務に服していた民間の非戦闘員）・軍に協力していた民間人。

現地女性とは、蘭印系（オランダ人とインドネシア人の混血）・中国人とオランダ人の混血（中国系オランダ人）・白人オランダ人である。

依頼状を記述した二世たちからその誕生年を見ていくと、終戦の一九四五（昭和二十）年と翌一九四六（昭和二十一）年生まれが多い。今六〇歳半ばになる彼らは妻子や孫に囲まれ周辺の人々ともよき関係を保ちながら充実した生活を営んでいる。

彼等の〈勤務先・職業〉（原文記述の時点）も見ていくと内務省、市役所、管理会社、郵政公務員、アメリカの製薬会社、フィリップス電気会社、大学の講師、銀行員、音楽家、主婦、看護婦、国連平和部隊の技術者、オランダ軍副官、公認会計士、社会福祉相談員、・プロダクションマネージャ、配膳業のマネージャ……　多くは確かな仕事につき指導的な立場に立って活躍している。

だが、戦後、その多くは苦汁の道を歩んで来た。二世たちの実父は敗戦後インドネシアから日本へ引き揚げている。そのあと母親たちはオランダ国籍をもつ男性と結婚した。したがってオランダへの移住には母親と継父が一緒だった。そこに待っていたのは反日感情の強い社会。実父ゆずりの日本人的な顔と体格は人目を引く。「敵の子」――。世間の視線は冷たかった。二世と母親は目立たぬよう生きた。成長するにしたがい父親を意識するようになったが、別れのとき赤ちゃんだった彼らには、父親の顔も声も記憶にない。それでもいつしか父親に誇りをもつようになっていた。

それまで個別に捜していた父親を、二世たちが本格的に捜すようになったのは四十代半ばからである。

二世たちは、同じ事情で出生した人々で結成したボランティア団体、「ＪＩＮ《じん》（人）」と「財団法人櫻《さくら》」のいずれかに属し、ここから依頼状を送っている。会員は入退会があるため一定していないが、両団体合わせると大体一〇〇人前後になる。

依頼状に込めた目的を現・櫻の会長リシャード・ホルクマンはこう語った。

「私たちは父の財産を欲しがっているわけではありません。日本国籍が欲しいのでもありません。父と会いたい、父のことを知りたい、自分のルーツを確かなものにしたいという気持ちだけなのです。日本のみなさまには、私たちの父が日本人であること、私たちが日本人の血を引き、半分日本人であることを理解して認めて欲しい。これを切にお願いするのです」

現在、依頼状は日本語に訳されて届けられている。その内容と連絡システムは十五年の間で多少なりとも工夫され変化して来たが、肝心の内容となるとまったく変わりがない。とにかく紙面を見ると唖然とするのだ。依頼状の説明をしておこう。

題は『父親捜索依頼』。内容は「依頼主」「父親」「母親」と三欄で構成されている。ひとりが作成した書状枚数はA四判用紙で一枚から三枚。枚数はときの経つほど増しているが、それは「依頼主」と「母親」欄の記述が多くなっているだけで、「父親」欄の記述は、以前と変わりなくひじょうに乏しい。しかも誤りだらけ。たとえば〈父親の職業〉〈父親の出身地・住所〉には少量の記述はあるもののほとんどが誤認である。〈父親の氏名〉については〈姓〉と〈名前〉を合わせて〈不明・曖昧・誤認〉が全七五人中、五三人もいる。全体の三分の二以上が父親の名前がわからないことになる。残りの二二人が〈父親の氏名〉を記述しているが、このうち漢字で氏名を記述しているのは三人、他はすべてカタカナである。

まるで〝白い依頼状〟。それほど『父親』欄の空白は目立つ。

いったい彼らは何を依頼してきたのか。こちらの頭が混乱しそうになるが、じつはこの空白の部分や誤認の部分に依頼目的の重要なものが隠されていたのである。つまり――「私の父を捜して下さい」の「私の父」が誰なのか、どこにいるのかわからない。それゆえ父を確認して日本のどこかにいる父を捜し出して欲しい。父が見つかれば、私が実子であることを話して、会わせてもらいたい。死亡の場合には父の家族・親族を捜し出して「父の写真が欲しい」「お墓参りをしたい」と私が切望していることを伝え、それが適うようにお世話して下さい――という意味である。

では、なぜ依頼状は白いのか。先にこの理由にふれておきたい。

二世たちが父親のことを知るのは主に母親からである。その母親のもともとの認識に正確さがあるかどうか。言い換えれば、インドネシアで日本男性と現地女性とが出会ってから別れるまでの間、言葉の問題から生じる誤認が考えられる。大佐とか准尉とか日本の軍制度における階級など、戦後生まれの私でさえ容易に理解できないところがあるが、そうしたことを現地の若い女性が理解できたとは思えない。戦後になっての記憶のズレもある。また別の視点でいえば、父親のことを二世が生前の母親からきちんと聞いていなかったこと。尋ねても母親が詳しく語らなかったこと。語ることを拒否した母親もいる。戦後のインドネシア独立戦争中、父親に関する重要な書類などを紛失・焼失したことなども挙げられる。だが、「白さ」の原因を母親と二世を対象にして探っていくことは虚しい。戦後、一度も連絡をしなかった父親のことを忘れてはならないだろう。

オランダ日系二世の白い依頼状。日本の父親に届けとばかり祈りを込めて一心不乱にペンを取ったことだろう。それでも埋まらない空白部分。その白さが二世の心の絶叫を象徴している。

とはいうものの二世たちの希望を満たすのは容易なことではない。そこには成し遂《と》げなければならない五つの実践活動（ファイブ・サービス）があることに気づく。

1 机上調査・父親の名前・職業を見つけ出す〈認定作業〉と、古い〈住所の確認〉。
2 現場調査・父親の出身地に出かけて家族・親族の家を見つけ出す〈家捜し〉。
3 真実告知・家族に父親の実子であることを〈告知〉。写真をもらい墓参の承諾を得る。
4 オランダへ報告・依頼者に結果を〈連絡〉。
5 コーディネート・二世と家族の〈対面の世話〉。

〈捜し〉の実態であるこの五つは、いずれも難解で手間暇かかる。母親の知らないことまで見つけ出すのだから、膨大なエネルギーを要することは想像がつく。継続的な気力・知力・体力がいるだろう。時間も費用もたっぷり遣うに違いない。まさに瞠目に値する実践活動である。

内山の調査は、〈父〉を特定するための「机上調査」の段階から開始する。そのため〈父〉の関係者を追いかけて地方から地方へと飛びまわる。事実に迫り確証をつかむまでは、冒頭に記した〈家捜し〉以上の「歩き」を強いられるのである。

内山は懸命に調査し、ひたすら〈父〉を求めて歩いた。

歩く版図《はんと》は北海道から九州まで日本全国と広域。沖縄・四国をのぞいた都道府県を網羅。平均すれば一県につき三回は出かけているという。

活動成果――依頼状を検討して調査した結果、全七五件については「調査のできる依頼状（四三件）」と「調査を据え置き（三二件）」の二つのパターンに分けられる。さらに前者の四三件の「調査可能」は、「家族（親族）に到達（三〇件）」「不到達（九件）」「中断（四件）」と細分化できる。

三〇件の「家族（親族）に到達」は言葉通りの意味だから説明を省略。九件の「不到達」とは、調査の結論が「全家族死亡・家族の消息不明・インドネシアで戦死・敗戦後インドネシアで行方不明」のため家族に会う方法がないケースである。四件の「中断」とは、オランダの依頼主が「重度の認知症・病気・死亡・移住」などの理由で継続できなかったケースになる。なお十五年間に「家族（親族）に到達した件数」という場合、筆者はこの実情を考慮して「到達」と「不到達」の件数を合わせて「三九件」とした。「中断」件数は入れていない。さらに三〇件の「家族・親族到達」を詳細に述べると「交流（受容）家族」が二〇件、父親の実子と認めない「拒否家族」が一〇件。うち「父と子の対面」が適《かな》ったのはわずか二件となる。一方の三二件の「調査据え置き」については父親の情報が少ない、誤認が多すぎるなどの理由で調査を進められない書状になるが、これを「断念」とせず「据え置き」としているのは、今後他の調査で、何らかの情報が入ってくるかもしれないと予想してのこと。内山が「今後の課題」として調査を諦めていないからである。

この成果は、即ＪＩＮ・櫻の団体としての実績となると同時に、わが国の実績ともなる。にもかかわらずオランダでも、日本でも、〈捜し〉の実績が表に出るとき、内山の名前が記されることはない。

本来〈父親捜し〉は国の仕事である。ではなぜ内山か。仮に父親の正確な情報があれば、相談は在オランダの日本大使館が対応し、日本の外務省、厚生労働省（以下厚労省。以前は厚生省）へと連携され、厚労省が窓口となって捜してくれる。が、父親の氏名さえ判然としない彼らの依頼を日本大使館は受け付けても対応はしない。直接厚労省に出向いて依頼しても、ていよく追い返されるのが関の山。それゆえ内山に頼んだという経緯がある。

しかし、外務省や厚労省が放置している依頼状から結果を出している内山の活動を考えると、国が〈捜し〉を不可能とすることへの疑問はぬぐえない。国の理解と努力の下にこの活動が実施されていたなら、もう少し多くの二世が父親と会えたはずである。なぜ官民一体の態勢で取り組まなかったのか。もはや内山が八〇代半ばの高齢となり〈父親〉の生存も望めない現在となっては遅すぎる話であるが、こうした発想さえなかったことが悔やまれてならない。

この仕事はボランティア。内山は肩書きのない年金暮らしの一市民である。言葉の壁があり、二世との手紙や電話での交流もなかった。

内山の経歴――一九二三(大正十二)年十一月十六日、長崎市稲佐町の生まれ。三菱重工業長崎兵器製作所勤務の父伊蔵と母シメの四番目の子ども。男四人女三人の七人兄弟。一〇歳のとき、父伊蔵が広島の日本製鉄広島工場に勤務となり広島県の東部にある南区青崎に移転。同地の尋常高等小学校を卒業。のち上京した。東京鉄道局・国鉄教習所電信科に入ったが、退職。その後、東京で全国紙の大手新聞社に入社し編集庶務課に所属。編集デスクと戸外の取材記者の原稿や写真をバイクに乗ってつないでいく「連絡員」として働いた。二〇歳で召集。第十六軍電信第十五連隊の無線通信中隊としてジャワ島へ出征、敗戦までの約二年半の軍隊生活。戦後はもとの新聞社に入り記者生活。現在の大阪に居住するようになったのは二六歳で結婚する前後からである。

経歴からわかるように、二世との接点は、インドネシアのジャワにおける戦争体験だった。「父と子」。オランダと日本をむすぶ依頼状。

親子であることの真実を証明するのは、この書状一通である。

内山は全力でこの依頼状と向き合った。

「オランダの日系二世は戦争の被害者で、彼らはいまだ戦争を引きずっています。みじめな子ども時代のことを考えると気の毒でなりません。みんな父親に会いたいと望んでいるのですから、その望みを適《かな》えてあげたい。私は自分の戦後処理だと考えて、この活動に専念してきました。ここまで来られたのは健康と生活の基盤があったからでしょう。体が動くかぎり一件でも多く調査をして二世を喜ばせたいと思っています」

内山馨の〈父親捜し〉の活動はオランダと日本をつなぐ真の平和・友好の架け橋といっても過言ではない。当稿では内山の活動を軸に日系二世の心の在り様に焦点を当て、彼らの流す涙が現代社会のなかでどんな意味をもっているのかを探ってみる。日本の家族の実情も浮上させてみよう。

インドネシアで誕生

アジア大陸マレー半島の南からオーストラリア大陸の北東にかけて細くて長く連なる島々。スマトラ、ジャワ、カリマンタン（旧ボルネオ）、スラウェシ（旧セレベス）の大スンダ列島、バリからティモールまで連なる小スンダ列島、マルク（旧モルッカ）諸島、さらにイリアンジャヤ（ニューギニアの一部）等。大小の島嶼は一万三千以上といわれている。これらの総称がインドネシア共和国。総面積一九〇万五千平方キロ。現人口は約二億二千万人。首都はジャワのジャカルタ。

かつてこの国はオランダの植民地下にあり「オランダ領東《りょうひがし》インド」(蘭領東印度、蘭領東インド。略して蘭印とも)と呼称された。住民の血の犠牲によってオランダから独立したのは一九四九(昭和二十四)年十二月。敗戦直後からはじまった独立戦争は四年あまりつづいた。

戦前。赤道をはさんで熱帯圏内に散在している蘭印《らんいん》は「赤道直下に架かるエメラルドの帯(首飾り)」と称されていた。土壌が肥沃で米やコーヒーなどの栽培が盛んな上に、石油などの鉱産物をはじめ林産物も豊かな天然資源の宝庫。特に石油は日本にとって垂涎《すいぜん》の重要軍需物資となった。

一九四一(昭和十六)年十二月八日、日本はアジア太平洋戦争へと突入。主要敵国はアメリカ・イギリス・オランダ。日本軍は開戦翌年にマニラとシンガポールを占領し、ボルネオの石油産地やスマトラの油田地帯を確保したあと、ジャワ攻略に臨んだ。一九四二(昭和十七)年三月一日、今村均軍司令官率《ひき》いる陸軍第十六軍の将兵がジャワ島の三方から敵前上陸。九日には八万一千人の蘭印軍(オランダ軍が中心。イギリス・アメリカ・オーストラリア軍)を無条件降伏させた。

日本軍は大勢の捕虜《ほりょ》を抱えることになった。開戦当時、蘭印におけるオランダ人の人口は二五万と推定されるが、捕虜となったのは蘭印軍と民間のオランダ人だった。同じオランダ国籍をもっていても、混血(蘭印系男性)にはよほどの反日行動が見られないかぎり自由な生活が許された。蘭印系女性には自活を強制した。軍制を敷《し》いた勝組の日本男性たちと収入を得るために働く混血・蘭印系の女性たち。双方の知り合うきっかけは日常的にあった。このことが蘭印系女性を母親にもつ二世が多い理由となっている。

日本軍が蘭印を占領したのは終戦までの三年半。この長きにわたる期間、蘭印では地上戦がほとんどなかった。そしてこの地でたくさんの子どもが生まれたのである。

誕生した子どもの数には数百人・二千人・一万人と諸説があるが、これまで実態調査をした国はなく、実際のところはわからない、とするのが本当のところのようである。

ときは戦時中。新生児の遺棄《いき》や虐殺、現地人に養子に出された子もいる。〈特に日本の憲兵や海軍の特警隊が原住民にひどいことをした地区では終戦後反日感情が強く、そのため日本人との間に生まれた子どもをひた隠しに隠してそのまま届けなかったケースが、特にスラウェシーやカリマンタン（ボルネオ）等の外領方面に多かった〉（『今はつぐないの時』）とある。この著者・故加藤亮一氏は戦時中アンボン島で牧師をし、戦後東南アジアの国際戦争孤児救済などに貢献した著名人であるが、氏はこの文章のあとに〈インドネシアの戦争の落とし子は大体一万五千人といわれそのうち約八〇人に一人は無国籍の子ども〉と記している。私家版を含め蘭印の地を踏んだ人々の本をめくってみたが、誕生した人数にふれているのはごくわずかしかない。〈西部ジャワだけでも日本人の子どもが五千人はたしかにいる〉と記している本もある。西部ジャワとは、ジャワ島を西中東と三つに分けた首都ジャカルタのある地域を指している。こうしたことから察すると、蘭印全土で誕生した子どもの数は一万人以上となる。ただその人数では少し多過ぎるのではないか、との思いがしないでもない。

「死」と対極にある「生」の事実を歴史に刻んだアジア太平洋戦争。この戦争は日本をはじめアジアと西太平洋の島々で膨大な数の戦死者・犠牲者を出した。日本人のその総数は三一〇万人。中国・インド・フィリピン・朝鮮など戦火をあびた国々の戦死者総数は二千万人以上と算出されている。

一方、子どもの誕生がある。誕生は他の地域にも見られ、一説にはフィリピンで二万人、東南アジア全域では三万五千人以上といわれている。数字の出所が判然としないため人数の断定は控えねばならないが、想像を上まわる誕生数があったことは確かであろう。矛盾を孕《はら》んだアジア太平洋戦争の一断面図を見せつけられる思いがする。

もとより誕生した子どもに責任や罪はない。二世が父親を慕うのは、子どもとしてごく自然な感情で、日本で父親を捜したいと考えるのは当然のことだといえる。

戦争という切り取られた特殊な時間のなかで、蘭印では何が起こっていたのか。男女の出会いは人によって事情が異なる。二世たちの父親のほとんどが逝去している現在、それを語ることのできるのはオランダの母親しかいない。母親たちを訪ねて日系二世の誕生の背景を探ってみよう。

冒頭エルンストの〈父親捜し〉は前述したように二〇〇六(平成十八)年四月、インドネシア取材は同年五月、オランダ取材は同年七月から八月にかけてのことである。登場人物の年齢は取材時の年齢を記載している。敬称は略記。二世の名前の表記は依頼状に準じたものと取材で呼称した名前とを記している。

第一章　戦争と愛

オランダの首都アムステルダム。東京駅のモデルとなった赤レンガの中央駅を軸に、街が扇状に広がる。静かに流れる運河、両脇には黄青赤茶など彩り豊かな建造物が、頭上に華麗な彫刻をほどこして長方形の玩具のように整然と建ちならぶ。街は御伽《おとぎ》の国のように美しい。

だが、この美しさと裏腹に、暮らしのなかの人々にはいまだ戦争の傷跡をとどめた険しい貌《かお》がある。訪蘭早々ショッキングな話を耳にした。日系二世の母親のなかには、日本人を見ると「怖い」とおびえ、頭がパニックになって体調を崩す人や「日本人の取材は嫌だ」と、頑《かたく》なに拒否する人がごく最近までいたという。おそらく現在もいるのではないか。日系二世の問題は想像以上にこの国ではナーバス、複雑なものを抱えていた。そこで取材協力者の名前の表記は、実名仮名をご本人の選択にゆだねた上で、その意見を訊くことにした。取材には通訳を同行している。

愛は本物——サラの事情

中央駅の北側、フェリーや貨物船の行き交うザイデル海をはさんで、アムステルダムノース（北）

という住宅街の広がる地域ある。そこに二世のヒデコ・ギスケの母親は住んでいた。

じつは、ヒデコは内山馨の〈父親捜し〉の対象外の二世。父親とは幼少のころから互いの存在を確認し、父親が亡くなるまで交流していたという経歴のもち主である。それに「ヒデコ」という名前、漢字は当てられていないが、誕生時に父親から命名されたこの日本名を母親は移住後の反日感情の強かったこの国で堂々と使わせてきている。このこと自体稀有《けう》なことだといわねばならない。日系二世のなかで異例な存在といえるべくこの親と子に会おうと考えたのは、ヒデコがＪＩＮ結成の中心人物であることと、母親の養育に関心を寄せていたからである。

このときヒデコの母親は八六歳。夫は逝去。美容院やホームドクターなどの設備が整った快適な三ＬＤＫの高齢者向け自活マンションでひとり暮らしをしていた。ヒデコの家は近い。

母親に実・仮名を確認すると、少し躊躇《ちゅうちょ》して「日本のご家族のことがありますので」と実名を避けた。意外だったが、多方面への気遣いを怠《おこた》りなくしておきたいということなのであろう。そこで母親の名前にはかつてヒデコの父親が呼んでいた「サラ」という愛称を用いることにした。

移住後のサラの家族は五人。ヒデコ、継父の実子、サラと継父との間に生まれた男の子。

背筋が伸び、ほっそりした身を真っ赤なスカートとピンクのブラウスで包んだサラは、細面の整った目鼻立ちをして往年の女優のように綺麗で気品があった。頬を紅く染めながら、テーブルの上に置かれた数枚の白黒写真のなかから一枚を手にして、うっとりするようにいった。

「いかが、いい男でしょう？　わたしもヤマカワ（仮名）さんも独身だったのよ」

そこには目のパッチリした誠実な感じのする青年が写っていた。若さが印象づく。次の写真には当時のサラの立ち姿があった。すらりと伸びた肢体、白色らしいソックスと皮靴。肩までかかるお下げ髪。きりっとした顔は知的でお嬢様タイプの清楚な雰囲気をもつ娘がそこにいた。

私は一九一九（大正八）年、東部ジャワのスラバヤで生まれました。

六人姉妹の四番目、末に男児がいましたが早世しています。

戦前の私の家はスラバヤ近郊の村にありました。父がケディリー州の公務員として高い地位についていたからでしょう、私たちは大きな家に住み、豪華な調度品に囲まれ、スイスから取り寄せた食器を使って食事をするなど豊かな生活をしていました。現地人の奉公人も数人いました。私たち姉妹は中学校卒業後も働いておりません。

父は蘭印系のヨーロッパ人（ドイツ）です。ドイツやイギリスといったヨーロッパ系の人々もインドネシアで生まれると蘭印系ヨーロッパ人として、オランダ国籍をもらうことができました。高い地位にある人は六年に一回オランダへ帰国できましたが、わが家では子どもが多かったので父は帰りませんでした。母は中国系インドネシア人です。

戦争がはじまると同時に、私たち一家は、海岸に近いスラバヤのダルモという、オランダ人の赤煉瓦屋根が建ちならぶ高級住宅街に引っ越しました。このとき父はオランダ軍として出兵、三人の姉たちは嫁いでいましたから、家には母と私たち三人の娘がいました。私たちはしばらくの間、家の物を売って生活をしていましたが、こんな暮らしは長くはつづきません。そのうち食べ物も容易に手に入らなくなりました。日本軍からは働けという命令が出ていました。

一九四三（昭和十八）年だったと思いますが、幸い、知人の紹介で私の仕事先が見つかり、街の中心部にある、お菓子なども売っていた下士官兵《かしかんへい》専用の食堂『つわもの食堂』で、レジ係として働きはじめました。時間は朝の九時から夕方の六時までです。

スラバヤは平穏そのもの、従来通りの日常がありました。日本の軍人にたいしても「日本帝国軍人」ではなく普通の男性にしか見えません。当時の女性はみんなそうだったと思います。この店で買い物や食事をするヤマカワさんと出会いました。

日本人として一般的な背丈でも私には小柄に見えましたが、彼はがっちりした体つき、優しそうで賢そう、何より笑顔が爽やか。素敵な方でした。私の一目惚れ、いえお互い様といったらいいのでしょうか。年齢は二人とも二三、四歳。勤め先の会社名は忘れましたが、仕事は倉庫会社の経理で、日本船から荷物を降ろし倉庫に納める責任者も兼《か》ねておりました。時間は比較的自由に使えたようです。

ヤマカワさんは私に会いに頻繁《ひんぱん》に店を訪れるようになりました。日中でも時間が空くと会いに来て、レジに立っている私にこっそり約束の時間を耳打ちして帰るのです。私たちが仕事を終えたあと二人だけで会うようになったのは、出会って間もなくのことでした。

スラバヤはジャワ第二の大都市。街路樹が繁る広い道路には、ペチャ（三輪の車）や馬車や木製の無蓋《むがい》の電車が行き交っておりました。中心街のトンジュガン通りには映画館、劇場、食堂、デパート、ホテル、洋品店、雑貨店が軒をそろえて大賑わい。戦争中でありながら彼と歩いても危険なことはありません。堂々というわけにはいきませんが、大通りを歩きながらよく語り合いました。

言葉はインドネシア語（マレー語）。二人ともうまくはありませんが、頭のよい彼はすぐに言葉を覚えたようです。私があまりインドネシア語を話せないのは、わが家がオランダ語中心で、インドネシア語は使用人と話すときぐらいでしたから。彼は自分のことや家族のこと、故郷の自然の美しさなど様々なことを語ってくれました。

遊びにもよく行きました。ある日は四キロ離れた町外れのウオノコロモにある動物園へ、ある日には映画を観に行きました。さすがに繁華街にある映画館へ入るときには、

「サラ、先に入って席を取っておいてくれないか。僕、あとから行くから」

と目立たないように気を遣っていました。

ヤマカワさんは優しかった。小まめで親切でした。美しい日本の歌もたくさん教えてくれました。〽さくらさくら弥生の空に～　〽真白き　富士の～　とか。あるとき、『ひな祭り』や『七つの子』などの曲が入った童謡のレコードを贈ってくれました。綺麗なメロディーに感激した私はさっそく店の人たちに聴かせました。みんな大喜び。貸して貸して、というものですから順番に貸してあげることにしました。

この話を彼にしたら突然怒りはじめたのです。

「なんで人に貸すの。僕はね、サラに聴いて欲しかったんだよ。心外だなぁ」

慌てて私はレコードを返してもらいました。

そのうち、彼が私の家に出入りするようになり、私は妊娠しました。

彼の子どもがお腹にいるのだわ、と思うと、感激で胸がはち切れそうでした。

妊娠を知ったヤマカワさんは喜んで興奮しながらいいました。

「君ね、今すぐ仕事をやめなさい。サラと赤ちゃんの面倒は僕がみるからね」

それから彼は毎日家にやって来て私の世話をしてくれます。品物や食料をたくさんいただき、お金の援助もありました。赤ちゃんの産着《うぶぎ》を全部揃えてくれたのも彼でした。

出産間際、私は入院しました。父親は病室に入れなかったため彼は落ち着かない様子でした。分娩室に入り陣痛がはじまったときのことです。私の全身は音楽に包まれました。

〽真白き　富士の　気高さを　心の強い楯として　み国につくす　おみならは〜。

彼は病院と隣接した「隣組《となりぐみ》」の事務所に行って『愛国の歌』（作詞福田正夫／作曲古関裕而／編曲佐伯亮）のレコードを私に聴かせるため、借りてきた蓄音器《ちくおんき》をずっとまわしつづけてくれたのです。分娩中にも音楽は聴こえてきました。

素晴らしい日本の音楽に励まされ、私は無事に女児を出産しました。

一九四五（昭和二十）年六月十八日。私が二五歳のときです。

出産直後、彼は病室のみんなで喜びを分かち合おうと両手で房のついたバナナを抱えて病室に入って来ました。そうこうしているうちに、看護婦さんが赤ちゃんを抱いて入って来て、彼に差し出しました。「よしよし」。顔を紅潮させながら彼は赤ちゃんを抱いて、そのあと私に抱かせたのです。「父から母へと抱かせるのは日本の伝統なんだよ」。私はちょっと疑問に思いましたが、あまりにも彼の表情が輝いていたので黙っていました。

毎日が楽しい。退院後の私たちは幸せの絶頂にいました。

「この子の名前、僕の名前のひと文字をとって、ヒデコにする。いい名前だろう」

「嫌ね、変な名前、響きが綺麗じゃないわ。エリオノーラって、どおう?」

「なんだいそりゃあ、エリノーラだって? 呼びにくいよ」

「違います。あなたはオの発音ができないから、エリオノーラ。エレガントでしょう」

結局、第一の名前を「ヒデコ」、第二が「エリオノーラ」。届けを出したのは彼でした。

ヤマカワさんの親切は途切れることがなかった。母乳が出るようにと乳製品をもって来てくれるだけでなく、ベビー服や貴重な布なども調達してくれました。物のない時代でしたからどんなに有難かったことか。ヒデコを可愛がる彼が、日増しに立派な父親になっていくのを見て、私は幸せでした。

ヒデコが生まれて三カ月目、私たちに恐ろしい時期が迫っていることを覚悟しなければならなくなりました。日本が戦争に敗れたのです。

敗戦を境にインドネシアの独立戦争が激化し、家の周辺では竹槍《たけやり》をもった民衆の「ムルデカ」(独立)の声がとどろきました。私のような混血は、戦後になると、インドネシアの敵と見なされて、一夜にして自由を奪われ外出することができなくなっていました。彼の姿もぷっつりと見えなくなりましたが、私は彼をよく理解していましたから、心配はしませんでした。それにいつ別れが来るのか、そんなことを口には出しませんでしたが、会うたびこれが最後になるかもしれないと覚悟をして別れていました。そんなある日のこと、現地人の着るサロンを腰に巻き、現地人の帽子をかぶって現地人になりすました彼が「ムルデカ」を「マッテカ、マッテカ」と叫びながら、血相《けっそう》変えて家に駆け込んで来たのです。

「どうしたの、あなた。今は危ないわよ。何があったんですか」

「いきなりだが、お前たちに別れをいいに来たんだ。僕は日本に帰ることになる。せめてと思ってとりあえずの品をもってきた。どうしてもこれらを、お前に渡しておきたかったんだ」

それは彼の日本の母・兄・犬猫が写った写真と、私たち二人のイニシャルの入った指輪でした。

「じゃあ、僕は行くぞ」

「あなた、くれぐれもお体を大切にね。それとあなた、マッテカじゃなくて、ムルデカよ」

「わかってる、わかってる。みんな元気でいろよ。サラ、ヒデコを頼んだぞ」

短い時間でした。話し終えると彼はインドネシア人になりすまし、急ぎ街中へと消えて行ったのです。あの人は殺される！　咄嗟《とっさ》にそう思った私は背筋が凍りつき動けなくなりました。

「ムルデカ」は「独立万歳」の意味に使われていましたが、彼のいう「マッテカ」は食品の「バター」なのです。現地人には偽物《にせもの》の彼を見破るぐらいのことは簡単、そうなるとその場で殺されます。私は怖くなり彼の無事を願わずにいられませんでした。どうかあなた生きて、どんなことがあっても生き延びて、ヒデコのためにも。あなたの大きな贈り物、ヒデコを私は宝物として育てますから、いつの日かこの子に会って下さい。そしてよくこんなに立派に育てたな、と私を褒めて下さいね。私は泣きながら心のなかで彼に必死で語りかけ祈りつづけました。

このときがヤマカワさんと私の永遠の別れとなりました。

サラはひと息ついて紅茶を飲みながら、当時を振り返ってしみじみといった。

「私たちは一度も一緒に暮らしたことはないの。すごした時間も短いけれど、彼と出会ってからは毎日が幸福でした。私たちはたくさんお話をしたのよ。だけど将来を語り合ったことがなかった。どんなに魅かれ合い、愛し合っていても、いつの日か別れが訪れて別々の道を歩むことはわかっていましたから。だからといって決して刹那的な愛ではありません。愛は本物でした」

その後、サラはインドネシア軍の収容所に入っているが、「収容所時代のことは辛《つら》すぎてお話しできません」といって語らなかった。この時期、オランダ政府からインドネシアの再建を託された六歳上のオランダ人と出会い、一九四八（昭和二十三）年に結婚している。

「夫には幼い娘がいました。私はヒデコが日本人の子であることを話し、お互いの子どもを大切に育てようと約束しました。ヤマカワさんとの関係も正直に打ち明けると、夫は理解を示し、何回か戦場のスラバヤを歩いて捜してくれました。日本人が収容所に入れられていると聞けばその収容所にも行ってくれました。でも、彼は見つからなかったのです」

サラ一家がオランダへ移住したのは一九五一（昭和二十六）年、ヒデコ五歳のときである。

「ヒデコにはヤマカワさんから教えてもらった日本の歌も文化もすべてを伝えています。継父がヒデコを大事にしてくれたこと、継父の子どもであるヒデコの妹が、私をお母さんと呼んで慕ってくれたことは本当に有難いことでした。ヒデコの養育にはよい環境がありました」

その後のサラとヤマカワ――二人には会おうと思えばその機会がないわけではなかった。大人になったヒデコは来日し、関西に住んで教育者の道を歩んでいた父親に三回会っている。この三回目の折、お母さんは口にこそ出さないけれどお父さんに会いたいはずだ、とサラの心中を察したヒデコは、一緒に日本へ行って会おうと誘っている。が、サラは首を縦に振らなかった。

「私には、ヤマカワさんが日本に帰って結婚することはわかっていました。ひとりでいなくてはいけないということはありませんものね。彼が日本で結婚したころ、私も再婚しています。ヒデコに誘われたとき、私が日本へ行かなかったのは、奥さんの立場を尊重するためでした」

来日したヒデコはそれまで旅館で泊まっていた。三回目に当たるこのときは、異母兄弟の妹が家で泊るようにと招いてくれた。そこへ父ヤマカワが泊まりに来た。このときヤマカワはサラに電話をしている。それは別れて初めてのことだった。

「あのときはあまりに突然すぎて…… ヤマカワさんは静かに『サラさん、元気か』と一言いいました。私も静かに『はい、元気です』と応えました。沈黙がつづくなか『元気か』『元気です』ただこの一言のくりかえし、もう胸がいっぱいで、心臓が高鳴って何を話しているのかわからなかった。私はヤマカワさんがヒデコに会って下さるだけで嬉しかった。やっぱり心のなかで自慢しましたもの。どおう？ この子立派に育ったでしょう、私が育てたのよって。もちろん一度でもヤマカワさんとお話できたことは大きな喜び、私はじゅうぶん満足しています」

このときサラは七六歳。女の分別と誇りと意地を貫いた末の五十二年ぶりに聞くヤマカワの声だった。三カ月後にヤマカワは亡くなっている。

翌年、サラはヒデコとともに来日しヤマカワの墓前に参った。

「寂しいことではありますが、私の心のなかには、なにかこう、安らぎに似たものがありました。

私に宝物を贈って下さったことのお礼を、墓前で改めていいました」

宝物とは「子ども」のこと？

サラは凜としてこう答えた。

「いいえ、ヤマカワさんの子どもだから宝物なのです」

よい人でした――ナノの事情

港湾都市ロッテルダムの南西に、かつて黒人や黄色人の移民が多く住んだスパイケニッセという町がある。日系二世のクラウディネ・メイヤーの母親はこの町に暮らしていた。クラウディネもヒデコ同様、ＪＩＮ設立の中心人物であるが、のちに櫻を設立した首脳メンバーのひとり。

母親は八一歳、仮名を希望。その理由をクラウディネはこう代弁した。

「このごろ、母はご近所の人とあまりつき合わなくなっているけれど、やっぱり仮名がいいわね」

当原稿とご近所との関係に首をひねったが、ひとたび口にするということはそれだけ責任の重さを感じるということだろうか、慎重な姿勢を垣間見たような気がした。

クラウディネの日本名は「マサコ」。父親が呼んでいた母親の愛称は「ノン」「ナノ」。インドネシア語で「少女」「お嬢ちゃん」という意味だという。ここではお嬢ちゃんのナノの愛称を用いる。

父親は「コオロギ　ヤスオ」。依頼状の出身地が「長崎」となっていたため内山は当初かなりの歳月をかけて長崎の現場調査をしているが、該当者はなく、コオロギ姓の多い宮崎県ではないかと判断、同県に狙いを定めて捜した。いまだ見つかっていない。

移住後のナノの家族は四人。ナノと継父との間に女の子が一人生まれている。夫は逝去。
「最近、ちょっとまだらボケが進んだみたい」と案じたクラウディネが付き添った。
真っ白な肌をした蘭印系のナノは、大柄な体に似合わず、細く澄んだ声で静かに語りはじめた。

私の故郷は東部ジャワのジェンベル。東にバリ島があり、そこから一番近いジャワの港がバニュワンギ、この港から車で二時間ほど西へ入ったところです。

一九二五（大正十四）年生まれ、八人兄弟の末です。父は鉄道で働き、母は自分の兄弟と一緒に小規模なプランテーション（農業）を営んでおりました。土地は政府から借りていましたから借用料を払っていました。家と畑は美しい森に囲まれた高地にありました。周辺には蘭印系の家族が一〇軒。人口は一五〇人ぐらいでした。

私の家ではタバコ、トウモロコシ、コーヒーなどを植えていました。豚牛馬鶏も飼い、私も兄弟と一緒に幼いころから手伝っていました。遊びながらのことですからバナナの木に登って鎌で大きな房を切ったりするのは面白く、仕事で嫌なことは何一つありませんでした。コーヒー畑を通り越した森の奥には、清水の湧き出る泉があり、ときどき姉と行っては岩の上で衣類を洗濯し、歌ったり笑ったりしながら、楽しいひとときをすごしていました。

戦争直前、父が癌で亡くなったのを機に私たちはガラハンという町の近くに引っ越し、そこでふたたび農場を借りて野菜作りをはじめたのです。戦争に入ると三人の兄は徴用《ちょうよう》でいなくなり、三人の姉はすでに嫁いでいましたから、家にいるのは母と障害のある兄と私の三人。他に手伝いの男の子が二人いたので五人で一生懸命働いていました。

一九四二（昭和十七）年、日本軍が占領したこの年、周辺で恐ろしい話が広がりました。ヨーロッパ系の若い女性は外出を控えること。また、結婚相手はドイツ人でもインドネシア人でも、とにかく日本と親しい国の相手と結婚すれば自分を守ることができるから早く結婚するように、という内容でした。このため急いで結婚した女性も少なからずおりました。

翌一九四三（昭和十八）年になると恐ろしい話もより具体的になってきました。あるとき地域の人から噂を聞いたという母が真っ青になって帰ってきたのです。

「日本軍が若いヨーロッパ系の女を捜しているらしいんだよ。それで、ヨーロッパ系の若い女には、ワンピースよりインドネシアの民族衣装を着せるようにとみんないいはじめている。お前も日本軍に連れて行かれないように、今日からインドネシアの服を着るんだよ」

こんな辺鄙《へんぴ》な高原まで日本軍は来るのかしらと私は半信半疑でしたが、噂は本当でした。

ある日、現地人の警察官二人が、わが家にやって来て母にいったのです。

「お宅の娘さんに、日本軍がホテルで働いてもらうといっている。連れて行くよ」

母は必死で私をかばって断りました。

「いいえ、わが家には体の不自由な子がいます。娘は働いている母親の代わりに、その子の面倒をみなくてはいけません。人手がないので連れて行かないで下さい。お願いします」

警察官は顔色ひとつ変えず私の腕をつかんで強引に連れて行ったのです。警察署のある町までは五、六キロ。歩いて一時間ほどかかるところにありましたが、母と兄は心配して警察官に連れられて歩く私のあとをついて来てくれました。

警察に着いてから二人と別れました。同じ地域から連れて来られた娘七人も同じように母親や兄弟と別れを惜しんでいました。これからどこに行くのか見当がつきません。しばらくすると蘭印系の女性が車から降りて来ました。この女性がインドネシアの警察に命じて若い娘を捜させていたようです。女性は私たちの名前と住所を記した名簿をもっていました。どうして僻地《へきち》に住んでいる私たちのことを知っているのか不思議でなりませんでした。そのあとまた一台の車が停まり二人の日本男性が降りて来て、私たちに近づき、そして警察官に訊いたのです。

「この娘たちは、ここで何をしているんだ」

警察官のひとりが答えました。

「この娘たちは、あの（蘭印系の）女性の命令を受けて、ホテルで働くことになっています」

するとひとりの男性が、その蘭印系の女性に向かっていったのです。

「この娘たちはホテルではなく、僕たちのいるボンドンソウの町で働いてもらいます」

それから私たちに向かっていいました。

「若い人は、ここに残って下さい」

一七歳の私が一番若かった。他に二、三人残ったと思いますが、記憶がはっきりしないので私のことをお話しします。日本の男性に二〇キロ離れた町ボンドンソウに連れて行かれた私は事務所のような一室に閉じ込められ、怖くて泣いてばかりいました。

「いいかい。ドアを閉めて静かにしていなければ、憲兵隊があなたを見つけて連れて行くよ」

私の着ていたワンピースが危険だといって、男性は使用人の少年にインドネシア人の着る服を買って来させました。私に着るようにと勧めましたから指示通りにしました。

隠れて住んでいる間、男性は優しくてとても親切。すっかり感激しこれまで怖いと思っていた日本人が怖くなくなっていました。

一カ月ほど経ったでしょうか、男性はもうひとりの男性と一緒に私を母のもとへ送り届けてくれました。のちに聞いた話ですが、蘭印系女性に連れて行かれた三人は、ホテルで日本人軍人と性関係をもたされたそうです。ホテルで働くといえば皿洗いや掃除だろうと、その程度の考えしかなかった私はもうびっくりしました。

私を助け護ってくれたこの男性がコオロギさんでした。

ボンドンソウに事務所のあったコオロギさんは、トラックで町内の日本軍に砂糖や米などの食料を配送するのが仕事、他に経理も担当していました。彼はときどき私の家に立ち寄るようになりました。そのたびに貴重な食料をたくさんもって来てくれます。忙しいときには家の前に大きな包みの食料を車からボンボンと落として行ったこともありました。母は大喜び。コオロギさんの優しくて善良な人柄を家族は信頼し私は彼に魅かれていることに気がつきました。

コオロギさんは泊まっていくようになりました。

正直な人で、日本に家庭があり子どもが二人いること、自分は性病が怖いので女性とは遊ばないということも打ち明けてくれました。戦前、彼はセレベスのメナドで、妻と二人の子どもと暮らしていています。開戦の直前に家族で日本へ帰り、その後改めて召集されてこの地に来たのだそうです。

私は体調の変化を感じました。結婚して近くに住んでいた姉に相談すると「早く病院で診てもらいなさい」といわれ検査を受けました。

妊娠とわかって私は嬉しくてたまりませんでした。

彼の子どもをもちたかったからです。

「そうか、よかったな」

コオロギさんに報告すると喜んでくれました。

マサコは一九四四（昭和十九）年九月十八日に生まれました。私が一九歳のときです。

このとき彼から金の腕輪や指輪などをいただきました。その後も彼の仕事は忙しくてあまり顔を見る機会はなかったのですが、来たときには、母乳が出るようにと栄養のあるものをたくさんくれました。トウモロコシに玄米を混ぜて炊くと元気が出るよ、といって作り方を教えてくれたこともあります。マサコを可愛がり入浴させて喜んでおりました。

戦争が終わって別れるときが来ました。彼はお金・一緒に撮った写真・たくさんの金銀の装飾品を下さいました。

インドネシアの独立戦争がはじまると、これらコオロギさんからいただいた重要な書類や日本の住所を書いたノートなどを、私は屋根裏に隠し、金銀の装飾を土中に埋めました。ところがインドネシア軍が押し寄せてきた際、マサコを抱いて逃げているうちに家が焼かれました。のちに土中に埋めた缶は掘り返したとき出てきました。現在サファイアの指輪や腕輪などいくつか品物が残っているのはこの缶のお陰ですが、屋根裏に隠した重要な書類をすべて焼失してしまったのです。

コオロギさんの消息は逃げまわっていたころいっぺんだけ聞きました。「インドネシア人によって、首の後ろを刀のようなもので切られたらしく、傷を負っている」と。ですが、当時は確かめようがありません。これっきりとなりました。

コオロギさんとは約二年のおつき合いですが、本当によい方でした。

私が結婚したのは一九五〇（昭和二十五）年のことです。

ナノの気持ちのなかには、今も独立戦争で失くした重要書類への後悔の念が消え去らない。

「あの書類が焼けていなければねぇ。写真もないので、マサコは父親の顔を知らないのよ。本当にすまないことをしたわ。どうか父親が見つかりますように、と祈るばかりです」

オランダ移住は、一九六一（昭和三十六）年、マサコ一七歳のときである。

封印していた日本語――エリオノーラの事情

日系二世のエドワード・レーマンの母親は、アムステルダムの南方、日本ではチーズで知られているゴーダという町の近くに住んでいた。

彼の父親は「ムラカミ　マコト」。内山調査では「到達時、本人死亡・家族の消息は不明」となっている。〈父親捜し〉は暗礁に乗り上げている状態。

母親の家は電車の駅から車で十分のところにあった。駅には別の町に住んでいるエドワードが迎えに来てくれた。ヨーロッパ系の白い肌と顔、すぐには日系二世と気づかなかった。小学校の校長をするなど教育関係の仕事の経歴をもつ。六一歳。背の高い彼はにこやかで温厚だった。

車が走り出してすぐ、エドワードはいきなり家庭の内部の重要な話をはじめた。

「妻が一緒でなくてすみません。妻は母と口を利きたくないらしい。怒っている。僕が日本人の子どもだってことを母から聞かされたのが二年前でしたから。こんな大事なことをこれまで隠していたのはひどい、早くに教えてくれれば父を捜し出せたのかもしれないといって。僕も日系であることにショックを覚えましたが、それから妻と母の関係がぎくしゃくしちゃいましてね」

エドワードは自分の気持ちを「ショック」としか表現しなかった。妻のことだけを語るところにかえって彼の心情が伝わってくる。妻のように怒りたくても、自分の心が母親への愛情の板挟みとなってその勇気がもてず、苦悩が深くなっているのではないか、そんな印象を受けた。

家に着くと八一歳の母親が待っていた。背が高く綺麗な顔立ち、笑顔が優しかった。少し右膝が悪く糖尿病もあるというが、元気そうだった。早速、実名仮名を確認した。

「実名で結構よ。私後悔していないし、別に他人に恥じることなんて、何もないしね」

すんなりと答えた。実名はエリオノーラ。この名前は、先述のサラが好んだ名前である。

移住後の家族は一三人。エドワードの継父との間に一〇人の子どもを生んでいる。

彼女と私は、壁に一面をつけた白い長方形のテーブルに着いた。椅子は五つ。位置を確認しておこう。エリオノーラが壁にもたれるようにして私の向かい側に、私は彼女の真向かいを避けてひとつ席をおいて椅子を取った。すると「僕も聞かせてもらっていいでしょう」。突然エドワードが私の右隣、エリオノーラの真向かいに陣取った。通訳は壁と向き合う格好で私の左側にいる。彼の参入は取材の予定外だったが、そうであるならと思い、今しがた彼から聞いた話をもち出した。質問の最初の振りを「母親の役割についてうかがいます」としている。妻のことにはふれず、彼が悩んでいるように見えたことを伝え、その理由を率直に尋ねた。

エリオノーラは、アラそお？　といって眉間に皺を寄せた。

「ムラカミさんと別れたあと、すぐ私結婚したんです。夫はこの子を他の一〇人の子と同じように育ててくれた。夫の生前中には、昔の話をするのは夫に悪いなと思っていたし、家庭のなかに不穏な空気が流れるのも嫌だった。だから夫が亡くなってから、この子に話をしたの」

エドワードが悩んでいること、どう思われますか？

「悪いと思っているわ。もっと早くに話しておくべきだったと後悔している。今この子はだいじな時期を迎えている。でも、そんなに悩んでいたとは知らなかった。どうしたらいいのかしら？」

旧友に相談するかのような信頼のこもった眼差しをこちらに向けた。

母親として息子の苦しみに気がつかなかったことを、まず謝ったらどうですか？

エリオノーラはにっこりした。

「そうね、そうだわ。エドワード、気がつかなくてごめんなさいね。あなた辛かったわね」

こういうなり背中を壁につけて左腕をテーブルにおいていたエリオノーラは、体の向きをそのままにして左腕をすっと上げ、エドワードの方に伸ばした。その意味が私にはわからず咄嗟に右横のエドワードを見た。うつむき加減の彼の白い顔は茹《ゆ》でタコのように真っ赤、丸めるようにしてテーブルに預けている体が小刻みに震えている。怒っているのか？　伸ばした彼女の左腕がごめんなさいねという和解の握手だとわかったとき、エドワードはその手をほんの少しさわったかと思うと「母さーん」と声を上げ、椅子を蹴って、私と通訳の背後をまわり彼女のところへ駈け寄った。「母さん！　母さん！」。泣き出しそうに呼びかけながらエリオノーラを抱いて頬ずりをする。エリオノーラは何ですかいい歳をしてとでもいいた気に、困った表情。それは一瞬のできごとだった。自分の椅子にもどったエドワードは興奮気味に必死で喋りはじめた。

「僕は母に謝ってもらいたいわけではないのだ、継父を本当の父だと思ってきた。兄弟も、お兄ちゃんは今まで通りのお兄ちゃんよ、といってくれる……」

するとぴしゃりとエリオノーラがそれを制した。

「あなた、何をいってるの。私とこの方、今、母親の役割について話をしているところよ」

エドワードは黙った。それからも彼はこちらの質問に赤くなったり青くなったりしながら、母親の応えにじっと耳を傾けていた。エドワードにとっても初めて聞く話のようだった。

私の故郷は東部ジャワのチェリボン。ジャカルタからいえば真東に当たり、ジャカルタ市とスマラン市の中間に位置する海沿いの小都市です。

一九二五（大正十四）年生まれ、六人兄弟の三番目。両親は蘭印系。父はお茶のプランテーションを転々としていました。母のしつけは「目上の人に礼を尽し、尊敬の念をもって接すること」「清潔な身なりをすること」。私は小学校卒業後洋裁を習いに行きましたが、当時それはごく一般的なことでした。その後は働いておりません。

一九四三（昭和十八）年、私は食堂に勤めはじめました。記憶は定かではありませんが、食堂は兵舎のなかにあり名前はついていなかったように思います。

仕事は朝の十時から夜の八時か九時まで。店は一〇〇人ぐらいのお客様が入るような広さ、若い娘が一〇人ほど働いていました。特別なユニホームはなくみんな私服。ワンピースやブラウスにスカート、足元も靴、サンダル、何でもよかった。お化粧するのも自由でした。私も口紅ぐらいはもっていましたが、一八歳でしたから素顔で通していました。料理は中国料理です。ビールもお酒もありました。お客様の軍服の色が緑色だったから陸軍の方だと思います。日本人のお客様はみな優しかったのですが、酔っぱらうと怖い人もいて、そんなときにはすぐ奥へ引っ込みました。ムラカミさんもお客様でした。背が高くスマート、はっきりした顔立ちでハンサム。八歳年上でしたので二六歳でした。私たちはお互いにすぐ魅かれ合いました。

ムラカミさんはチェリボンにあった南洋倉庫の事務所に勤めていました。（＊南洋倉庫のチェリボン出張所はベンテンストラート借倉庫。面積九九五平方、煉瓦造り煉瓦床）。

そこで米や油やケチャップなどの食料品をあつかっていました。

私は彼の意向で食堂をやめ、この南洋倉庫の事務所で少しの期間働きましたが、次に、

「僕の身のまわりの世話をしてくれないか」

といわれ、今度は南洋倉庫の仕事をやめて彼の住んでいる家に行くようになりました。

事務所からさほど遠くないところにあった彼の家は一戸建て。周辺で一番大きく三つの寝室、裏手には台所、トイレ、風呂場、ガレージがありました。この家にはインドネシアの青少年が働いて

いて、料理をする人、洗濯や掃除などの家事の仕事が分担されていました。私には仕事らしい仕事はありませんでしたが、青少年は夕方になると自宅にもどるため、世話といえばそれからです。でも、私も始終一緒ではなく、昼でも夜でも気が向けば母のもとへ帰っていました。

当時の私の性知識といえば幼稚なものです。男女が関係をもつと子どもが生まれるぐらいのことはわかっていましたが、「母親とは何か」とか、「母親の心構え」など考えたこともなく、お互いに好きだから一緒にいる、それが一番自然なことだと思っておりました。私たちは本当に愛し合っていたのですが、子どもを作ろうという話はしたことはありません。

戦争が終わったとき、ムラカミさんは、「必ず帰ってくるからね」といって、どこかへ行ってしまいました。別れの言葉はなかった。

彼は帰って来るつもりだったのでしょう、私たちの住む家を用意し、必要な家具も注文していましたから。でも戦争で出会った以上、彼は二度と帰って来ないということぐらい、いくら私が若いといってもわかります。これがお別れなのかと思って、私はたくさん泣きました。妊娠に気づいたのは、彼が去った直後でした。

エドワードは一九四六（昭和二十一）年四月四日に生まれました。私が二一歳のときです。

このあと、しばらくして私たちは収容所に入れられ、そこに九カ月間いました。このころ、日本軍の俘虜となって長崎で強制労働させられていた男性と出会い、翌年に結婚。それはエドワードが一歳をすぎたころでした。結婚を機に私たちはキャンプ（収容所）を出ています。

もちろん結婚前、男性にはしっかりと事実を話ました。

「この子は日本人の子です。あなたは日本で強制労働させられ、ずいぶんと辛い思いをしてきたでしょう。それでも、この日本人の子を愛してくれますか」

男性は承諾してくれたのです。


「ムラカミさんは、この子が生まれていることを知りません。内山さんの調査結果はこの子から聞きました。ムラカミさんが亡くなり、ご家族の消息も不明というのは残念でなりません。なんとか父親とその関係者に会わせてあげたかった。それから、内山さんの調査で初めて知ったことなのですが、ムラカミさんは、確かに私には独身といったけれど、すでに日本で家庭をもっていらしたんですってね。それを今ごろ知ったわけ。驚いたけれど、もう昔のことですからね。でも、ムラカミさんがよい人だったというのは、本当ですよ」

エリオノーラはこういうと、急に椅子から立ち上がった。

右膝の痛みを忘れたのかイチ、ニイ、サンと日本の数を数えながら、狭い歩幅でリズミカルに部屋のなかを歩きはじめた。一〇まで数えるとぼそっといった。

「あら、忘れていないわ。あのころ私、真剣に生きていたのね」

今度はオハヨウ、コンニチハ、サヨウナラ、コンバンワ、アリガトウ、ペンダント、コドモと、かつてムラカミから教えてもらった言葉が口をついて出てきた。

結婚して以来六十年も封印していたエリオノーラの日本語である。

彼女は嬉しそうだった。それにも増して歓喜したのはエドワードだった。

「母さん、日本語、知っているの？　初めて聞いたよ」

彼は白い顔をふたたび真っ赤に染めて笑み満顔。このとき瞳を輝かせて叫ぶようにこういったのは過去、現在と割り切って生きているとばかり思い込んでいた母親のなかに、初めて実父の存在を見つけ、母親との強い絆を実感したせいなのもしれない。

オランダ移住は、一九四九（昭和二十四）年、エドワード三歳のときである。

恋しくて——ツルースの事情

アムステルダムの東南東に、夏になると休暇を楽しむ人々で賑わうオランダ最大の自然保護区域ホーグヴェールウァがある。日系二世のロン・メイヤーの母親はこの地域の西北の町に住んでいた。ロンの父親はセレベス島（現スラウェシ）マカッサル（現ウジュンパンダン）で海軍の仕事をしていた「コニバ　エサム」。内山はマカッサル市の当時の軍組織を徹底的に調べているが、該当する名前はなくいまだ父親は見つかっていない。

この日、ロンは不在、母親に実名仮名を確認した。

「ぜひ実名で。コニバさんやその関係者が、私の発言を聞いてくれるかもしれないから」

と積極的。母親の実名はツルース。「ハツコ」の愛称がある。

移住後のツルースの家族は五人。夫との間に三人の子どもを生んでいるが、末の子は死産。

ツルースは七八歳。父親はオランダ人、母親は中国系インドネシア人。身長一五五センチぐらいで小太り、肌の色は日本人と同じ。日本でよく見かけるような体格だからか、親しみやすい。

リビングの丸いテーブルに、ツルースと私は向き合って座った。

その途端、「恋しくてね」と、彼女は早くも目と鼻にティシュを当て心の内側を吐露しはじめた。ほとばしる恋情。誰もいない部屋にもかかわらずヒソヒソと語るその声に連れられ、つい彼女の世界へと取り込まれそうになる。

「もし日本でコニバさんが一人だったら、私、ここに引き取って生涯面倒をみようと思っているの。奥様や家族がいれば、遠くから彼を眺めるしかないけれどね。今年で彼は八八歳になっている。病気でも車椅子を使っていても構わないわ、彼であるならそれでいい。もう一度会いたい」

リビングの隣は細長い部屋。そこには四人掛けのソファが用意され、奥の壁面には夫の遺影を飾るようにして、左右にこぼれるほどたくさんの花を挿した花瓶が置かれていた。

夫は二〇〇一（平成十三）年に逝去。日本軍の俘虜となって長崎の造船所で強制労働させられたオランダ軍人、同地で被爆。戦後はオランダ軍に勤務していた。

「お酒も飲まず煙草もすわず、家にいるのが大好きという静かな人でした。原爆の後遺症で肉体的には弱かった。ちょっと頑張って庭の仕事をすると、二日間は体調が悪いという状態でした。真面目でよい人、私や子どもを心から愛してくれました。夫に注文することは何もないわ」

夫に感謝しながらコニバ氏への思いを深める。

寡婦《かふ》となった寂しさですか？

「いいえ、違うわ。夫が亡くなってから、一六歳で別れたときのナマの気持ちが噴き出してきたの。夫は、私がコニバさんを捜したいという気持ちを理解していた。それでもね、暮らしのなかでは遠慮もあるし、無意識に気持ちを抑え込むこともあるでしょう、現実の生活ですからね」

いったいコニバ氏とはどのくらいの期間つき合ったのですか?

「それが、たった三カ月なの。短かったわ」

クスッと笑ったツルースの手は、さっきから頻繁に延ばしているティシュの箱にまたふれた。


私の故郷は旧セレベスの旧マカッサル。島の南端部に位置する州都でした。

一九二八(昭和三)年生まれで一一人兄弟の六番目。上の五人は兄ばかり、下には四人の妹と弟が一人います。父の仕事は道路建設業でした。兄たちは物売りをしていた母の仕事を手伝い、長女の私が幼いころから家事や洗濯、アイロンがけをして妹たちの面倒をみていました。母はよくバナナを揚げ、ピーナツの皮をむいて叩き潰し、ガドガドというピーナツソースを作っていました。家の近くの女子収容所(オランダ人)へもよく売りに行っています。わが家はごく普通の家庭でしたが、父が日本軍侵攻の一カ月前に病気で死亡、次に日本軍が占領してすぐ、オランダ海軍兵の兄の船が日本軍の爆撃を受けて沈没、それから貧乏になりました。

一九四三(昭和十八)年、私たちは日本軍の命令でバーで働くか慰安婦になるか選択を迫られました。このことは私が直接日本軍から聞いたのではありませんが、私たち土地の者はみんなこう理解していました。私は港のそばにあった中華街の中心部・コトヒラ通りの「カネコ」というバーで働きはじめたのです。この店は、以前から仲のよかった近所の日本人、カネコ・アキコちゃんのお父さんが経営者。戦前、カネコさんの店は、中華街に三店舗あり、文房具などを売っていましたが、戦争になってがらりと変わり三店舗ともバーになったのです。

コニバさんはこの店のお客様で以前から顔見知り。彼は私に名前を尋ねてから毎日通って来るようになりました。私は一六歳、彼は二六歳。彼の目は細かった。背は低く、胴が長くてO脚で（当時の日本人の体形から言えばごく一般的）、前歯と犬歯の間に金歯をはめ込んでいましたが、笑うと優しい表情になり、温かい人柄を思わせました。

コニバさんは私のことを「ハツコちゃん」と呼んで可愛がり、ときどき家に遊びに来るようになりました。彼は俘虜収容所の管理をし、俘虜を畑に連れ出して指導もしていましたが、あるときには消防車の運転もするという消防隊員でした。マカッサルには海軍がいましたので、彼も海軍の軍人でした。

終戦を迎える三、四カ月前、日本軍がマカッサルの数人の少女をどこかに連れて行くという事件が起こりました。このことと後に私がかくまわれたことが関係していたのでしょうか、私のような蘭印系の混血はわずかしかいなかったので、ひょっとすると私の身の上にも何か恐ろしいことが起ころうとしていたのかもしれません。

戦争が終わりに近づいていたある日のこと、コニバさんが私の家に来て、

「ハツコちゃんを、私が預かってもいいですか」

と母に相談し承諾を得ました。私を連れ出したとき、他に二人の女の子がいました。

私たち三人はかくまわれ、食事の世話をはじめ色々とお世話になりました。コニバさんは驚くほど親切。以前から彼に傾いていた私の心は、このとき火がついたように燃え上がりました。優しく

て教養があってよい人、なんて素敵な人なんだろうと。これが初めての男性、彼を好きになったときの私の気持ちです。

かくまわれたのは三日間、その後、コニバさんは私たちを家に帰してくれました。

初めてコニバさんが私の家に泊まったのは、その夜のことです。性の知識のなかった私ですが、一緒に寝ました。このとき突然母が椅子から立ち上がったので、そばに母がいたことを知りました。それでも私はコニバさんを抱きしめて離しませんでした。

それからときどき泊まりに来るようになったコニバさんを、私は夢中で愛しました。

母は拒否をしない代わりによい顔もせず、仕方がないという感じでした。

最初の関係で私は妊娠しました。妊娠を打ち明けたのは、ちょうど私の家に、コニバさんと同僚のイズミさんという方が来て、三人でベランダに座っていたときのことです。

イズミさんがインドネシア語でいいました。

「君がコニバさんの子どもを身ごもるなんて、なんということだ。可哀そうに」

私はきっぱり答えました。

「大丈夫。私、ひとりで立派に子どもを育ててみせるわ」

間もなく敗戦。コニバさんは別れ際にこういいました。

「申し訳ないが、僕はお金もないし、何も残してあげられない。だが、五年待ってくれ。待っていてくれたら必ずもどって来るから」

私にはわかっていたのです。この人絶対にもどって来ないと。お金がないとか色々と悪い状況が重なっていましたから。ただそれは理性でそう思うのであって、私の心は火がついたまま、彼のことが好きでたまらず諦めることができませんでした。

ロンは翌一九四六（昭和二十一）年二月二十四日に生まれました。一七歳で母親になった私は、この子を何があってもだいじに育てようと決心したのです。

辛いことも経験しました。主に蘭印系の人たちからですが、妊娠中、私は「この売春婦！」「娼婦！」と、さんざん汚い言葉を投げかけられ侮辱されたのです。同級生の男の子たちでさえ私に会うと嘲笑しました。戦争中はみんな日本人と親しくし、相当深いつき合いをしていた人も珍しくなかったのに、なぜ私だけが……世間知らずの私は、人々の白い視線が心に突き刺さって悲しくてたまらず、どうしたらいいのかわからなくなり母に相談しました。

「とにかく逆らうんじゃないよ。黙っていなさい。耐えるしかないんだよ」

悔しさにまた泣きました。よく泣きましたが、お腹が大きくなるにつれてここにコニバさんの子どもがいるのだと思うと元気が出てきました。この子が私に勇気を与えてくれたのです。

それから夫に出会うのですが、彼からプロポーズされたときはっきりとこう述べました。

「あなたは私のすべてを受け入れてくれますか。いずれこの子の父親を日本で捜したい。これを約束してくれますか。そして、この子に絶対手を上げない、叩かないと約束してくれますか。約束できるぐらい私を愛してくれるというのなら、私は、あなたと結婚します」

相手は「ウン、いいよ」と、いとも簡単に約束してくれました。

私は八カ月児のロンを抱え、出産した年の十月三十日に正式に結婚したのです。

結婚後、夫が果たしてくれた約束についてもツルースは語った。

「夫を本当の父親と思って育ったロンは、四〇歳をすぎたころ、不眠症で病院へ行きました。事実を知ったのはそのときです。ドクターから『あなたには日本人の血が入っていますね』といわれショックだったようです。その後、JINに入会し〈父親捜し〉をお願いしました。日本政府から招待を受け、訪日もしています。このとき夫が『一緒に捜そう』と自費で日本へ行きました。結局は捜し切れなかったのですが、行く前、私に夫が尋ねたのです。『もしコニバさんがひとりでいたなら、君は彼のところへ行くのか』と。私が『いいえ、私はあなたとここで暮らすわ』と答えました。夫は泣きました。私も泣いたのです。辛い会話でした」

いつの間にかツルースのテーブルの前にはティシュが盛り上がっていた。

涙を止めようと質問を変えてみたが、結局、答えはコニバへの思慕へと収斂《しゅうれん》されていく。

そこで反対に、三日間だけこの家でコニバと会うとすれば何をしたいかと尋ねた。

彼女の表情が輝いたのはいうまでもない。

「コニバさんに会ったらまずじーっと彼を見るわ、人違いだったら大変だから。お爺ちゃんになっても笑顔を見れば私にはすぐわかる。彼とわかれば私は、よくいらっしゃいましたといって抱き締めます。それからそっと肩に手をまわしならんでソファへ座り、足を投げ出して、これまでの六十年をゆっくりと語り合います。二日目、目が覚めたら一緒にお風呂に入って、紅茶を飲んで近所を散歩して、また静かに語り合います。私のことをもっと知ってもらいたいし彼のことをもっと知りたいから。

三日目、もしかしたらまた散歩するかもしれない。そしてまた静かに二人で語り合います。お互いに気持ちがなごめばそれでいい、そうなればどんなに楽しいことでしょう」

やっぱり私の心は若いままね、といってツルースは初めて声を立てて笑った。

「ロンの顔つきは実父似じゃないけれど、胴の長い体つきはよく似ていて、歩き方はそっくりよ」

成長していくわが子の姿に初恋の人の姿が重なる日々。忘れようにも忘れられない時間をすごしてきたツルースが、どんなに息子を愛し、大切に育ててきたのか想像できることである。

「だけど、父親を引き取りたいという気持ちは、ロンは私ほど強くないみたいよ」

少女時代の夢のつづきのような話をしていくツルースの、その穏やかで明るく澄んだ表情を見ていると、戦時中のわずか三カ月の愛の暮らしが、戦後もその胸底にたゆたい、これまでの半生を支配してきたことがわかる。同時にこれ以上、彼女の内面に踏み込むことが憚《はばか》られた。コニバへの慕情をどれほど聞かされても、内山調査で不明となっているのだから、それはあまりにも非現実的な話になるからである。

次の質問は気持ちよく語りはじめた彼女に水を差したようだった。子どもを産ませっぱなしで何かにも貴女に任せて、ご自分では夫としても、親としても、何ら責任をとらないのに?……

するとツルースは上半身をのけぞらし、驚いた表情で、

「とんでもない! 彼を恨んだことなんて、一度もないんだから。ロンを授けてもらったことを感謝して来たのよ。愛を切り裂《さ》いたのは、あの戦争よ!」

語気強く反論したかと思うと、ワッと両手で顔を覆《おお》って泣いた。

戦争によって生まれ、終戦によって引き裂かれた愛。純粋でひたむきな一六歳の愛だったことを証明するかのように、彼女の厚みのある肩は小刻みに震え、涙はしばらく頬を濡《ぬ》らしていた。

そのあともう一度神妙な口調でこういったのである。

「私の心は十代で止まっているの。コニバさんが恋しいわ。日本で捜してちょうだい」

七八歳のツルースの心。依頼状への期待は息子より母親の方が強いようだった。

（当取材の通訳は「コニバ　エサム」を「クニバ　イサム」と訳した。日本語で言えばコニバはクニバ、またはイナバとも取れる。エサムはイサムともオサムとも取れるが、ここでは内山調査と同様、依頼状の訳者に準じた名前を表記した。筆者も帰国後、内山と連携しながら東京、横浜の当時のマカッサル関係者に会った。どの方も関係する名簿で熱心に捜して下さったが、この名前はなかった）

第二章　運命の糸

内山馨を〈父親捜し〉に導いたきっかけは、オランダでＪＩＮ《じん》（人）の活動をしていた中心人物、日系二世のヒデコ・ギスケとの出会いにあった。ＪＩＮ創立四年目に当たる一九九五（平成七）年のことである。その出会いには、偶然とはいえない何か大きな力で手繰《たぐ》り寄せられたかのような運命的な糸が見えてくる。内山には〈父親捜し〉の布石ともいえる初期の活動がある。

それは定年してから約十五年、内山が七一歳のときのことだった。

大阪市旭区・地下鉄谷町《たにまち》線沿線にあるマンションで、妻の延子《のぶこ》と年金暮らしをしていた内山は、新聞記者時代に抱いていた「ゆっくり勉強したい」という老後の夢を現実のものとし、充実した日々を送っていた。全国紙の中国支局を五五歳で定年退職している。

三人の実子はみんな四〇歳前後。長男は東京、長女は京都、次男は近所にとそれぞれ堅実な仕事についてわが道を歩んでいる。孫は東京に二人、近所に三人。子どもたちや孫と一緒に暮らさなくとも、次第に家族の輪が広がっていく歳月に内山も延子も満足していた。

一つ年下の延子との生活は平穏そのもの、各々が自分の生き方を充足させるため関心のあることに時間を費やしていた。水泳を得意とする延子はスポーツジムに通い友だちも多かった。内山の活動には距離を置いている。特に協力もしない代わりに邪魔もしない、という認め合った関係をうまく保っていたが、二人で始終顔を合わせる家のなかともなればまた別だった。

今日のことは今日中に片付けておかなければ気がすまない内山と、社交的で大らかな延子は、些細なことで角突き合わせることが少なくなかった。

「またお父さんは、そこら中、紙を広げて、こんなに散らかして」

たまりかねて延子が注意をしても集中している内山はどこ吹く風、自分流儀を曲げない。そのうち頑固さをなじる互いの短い言葉が夫妻の間を行き交う。あとはけろりとしたものだが、一般的にどこにでも見られる明るい家庭の風景をこの夫妻も作り出していた。

内山は物事を適当に扱うとか、中途半端にすませることを好まなかった。朝食後、習慣となっている全国紙二紙を読むときでも、「新聞ってそんなに読むところがあるの」と、延子が尋ねるほど時間をかけて隅々まで読む。政治や時事問題で気になることがあるときなど、歩いて十五分ほどの図書館へ行って複数の新聞をめくり各紙の視点の違いを確かめた。それでも納得がいかないときには、家にもどって、くどくどと自説を展開し延子を呆《あき》れさせた。

図書館へ頻繁に通うようになったのは定年後からである。調べることは多かったが、インドネシア関係の本には目が向く。今は自らの蔵書となっているが、『秘録大東亜戦史蘭印篇』（田村吉雄編）や、『ジャワ終戦処理記』（宮元静雄著）『大東亜戦争全史』（服部卓四郎著）など古本屋では簡単に手に入らない専門書を次々と借りて読んでいた。

新聞や雑誌で気にかかる記事や文章があると、メモを取り、切り抜き、丁寧にスクラップすることを怠《おこた》らなかった。新聞記者時代から溜めていたスクラップブックは四〇冊以上あり、たまに読み返すことは趣味の一つでもあった。のちにこのスクラップブックに納《おさ》められた情報が〈捜し〉の貴重な資料となり大いに役立つ。序章冒頭に記したエルンストの父親の件では、「一九六三（昭和三十八）年五月六日付け朝日新聞夕刊」に掲載された「田辺元中将らの遺骨帰る」の見出しがついた記事から〈捜し〉の手掛かりになる重要な事実を引き出している。

読書対象であったインドネシア関係の本は現代物ではなく、戦時中の蘭印に関するものだった。戦争へのこだわりが知識欲を駆り立てていたのである。

それは内山の戦争体験と深く関わっていた。

広島で電信第十五連隊第四中隊（無線班）に入隊した二〇歳の内山は一九四三（昭和十八）年十二月十九日、蘭印へ派遣された。この部隊が駐留したのは、現インドネシアのスカルノ・ハッタ国際空港から車で約四十分、街の中心部にあるガンビル駅の前、モナス（塔）のそびえ建つ「ムルデカ広場」のなかにあった。そのころ「ガンビル広場」と呼称。この広場を中心に周辺を二階建ての軍司令官、義勇軍指導部、軍司令官邸、文政局、検閲班、憲兵隊、法廷、軍政監部などが取り巻いていた。広場内の東兵舎にいた内山たちは、ここから軍司令官内に設置されていた「第十六軍司令部ジャワ合同通信所」へ勤務している。

内山の通信兵時代の記憶といえば、最下級の二等兵としてビンタの私的制裁《してきせいさい》と古参兵に下僕《げぼく》のごとく酷使された陰惨《いんさん》なものしかない。以前は思い出すたび、理不尽なビンタなど何の意味があるというのだ、あれは戦争ごっこにすぎなかった、と腹わたが煮え繰り返るほどの憤りが体を突き抜けていたが、近ごろでは、万年二等兵だったお陰で、誰をも殴らず非人間的なことをしなくてすんだのは有難いことだ、と考えるようになっていた。だが、戦争へのこだわりは消えなかった。

天皇の敗戦を知らせるラジオ放送を内山たちは聞いていない。ラジオが機能しなかった。そのため終戦にもかかわらず「第十六軍は玉砕覚悟で徹底抗戦する」の指令のもと、新設されたマゲラン無線通信所に新兵仲間と加わった。通信兵は有線と無線を合わせて一二人。内山たちは六人で動いた。無線通信兵はそのなかの三人だった。このころ通信暗号はすでに連合国軍から禁止されていた。そのため「船はいつ来るか」「病人がいる」などというナマ文の遣り取り。バリやロンボックなどの離島や小スンダ列島と西部ジャワの軍司令部までの中継が仕事だった。通信所はインドネシア兵の襲撃を受けた。「マゲラン通信所、ただ今、襲撃」。右手でＳＯＳの電鍵キーを叩きつづけ軍司令部に知らせていた内山のその手がインドネシア兵に蹴り上げられた瞬間通信所は閉じられた。ここでの仕事は二カ月間だったが、引き揚げには貢献したとの自負がある。

このあとマゲランからクトアルジョのインドネシア兵の管理する収容所に抑留された。終戦の翌年の七月二十五日、特別輸送艦「葛城」で大竹港に帰還している。

あのとき誰があのような「玉砕覚悟の徹底抗戦」の指令を出したのか。長年内山の胸中にわだかまっていたのは生と死の狭間に立たされていたこのことだった。

調べることに夢中になった。直接疑問を質《ただ》そうと元参謀の宮元静雄に手紙を出したこともある。宮元からは丁寧な返事が届いたが、そこには〈私の記憶にはありません〉と書かれていた。納得しないものが残った。蘭印では何が起こっていたのか。アジア・太平洋戦争への認識を深めたい。内山は定年後からあの戦争は何だったのかという疑問への答えを探りつづけていたのである。

活動の基盤

身近なところでは、他人の体験にも興味がつのった。他人の体験から学ぶという意味において、内山には、大小二つのグループとの出会いがある。

一つには、五九歳のとき内山が発起人となって四中隊の新兵仲間三七人に呼びかけて結成した親睦会「ガンビル一つ星会」。もう一つは、六五歳のとき新聞で知った「来日インドネシア留学生歓迎会」への参加がきっかけで入会した「関西インドネシア友好団体連絡会」である。

初めての親睦会「ガンビル一つ星会」には、山口、広島、島根、鳥取、兵庫、大阪から二〇人足らずが集まった。以降、一九九六（平成八）年ごろまでは二年ごとに開催。回を重ねるうちに仲間から少しずつ各々の体験や周辺のできごと、他の部隊で残虐な行為があったことなどを聞いた。

内山には初めて知る話ばかりだった。ジャワのどの土地でいつごろ何が起こっていたのかなど細々とした人の動きを記憶にとどめ、自宅で整理した。それから図書館へ行ってその場所を地図で調べて確認した。次第に知識が蓄積されていく。生真面目なこの姿勢は関西インドネシア友好団体連絡会（以下関イ連）の会員になってからも変わらなかった。

関西圏を中心に蘭印からの引き揚げ者が集う関《かん》イ連《れん》は、昭和三十年代に小グループで発足し、日本とインドネシアの友好親善の推進を図る社会活動を目的とした団体。文化交流を深める企画を打ち出して、インドネシアに関する勉強会、留学生歓迎会、在日留学生との交流会を開催している。関係者によると、会員数は一九九五（平成七）年度で約五〇〇人になるという。

一年に四、五回行われる集会に時間の許すかぎり内山は参加した。知人はひとりもいなかったが、旧軍人や旧軍属の人たちと体験談を交わしているうちに仲間意識が芽生えてきた。友だちができ、尊敬する先輩も得られた。この会でジャワのみならずスマトラや旧セレベスなど、主だった島々の事情を知るようになった。視野が広がっていく。

関イ連に入会した翌年からボランティアをはじめている。集会で留学生たちの話に耳を傾けた内山は、日本での厳しい生活のなかで懸命に学ぼうとしている彼らの勤勉さに胸打たれた。特に家族連れの妻の献身ぶりを知って、何かしてやりたいと心が動いた。以来、関西一円から遠くは名古屋までレンタルトラックでの引っ越しの手伝いや、関西空港までの人の案内や荷物運び、中古家電製品・中古自転車・寝具の提供や自宅での新年会招待などきめ細かなボランティアを実践した。あるときなど、北海道大学で学ぶため家族で同地へ越した留学生から「子どもが胸部疾患で重体になったが、大学の教官以外知り合いがない。どうすればいいか」と相談の電話が入り、急遽《きゅうきょ》札幌まで駆けつけた。同地には戦時中ジャワで交流のあった知人がいたことを思い出し、彼の協力を得て入院させることができた。そのお陰で大事に至らなかったということもあった。

この活動は一八年間つづき支援の対象は延べ三〇人。のちに活動の中心となる〈父親捜し〉はこの十八年間と重なっている。

まるで蘭印のとりこ。そんな日々を送っているが、〈捜し〉との関わりでいえば、「ガンビル一つ星会」と「関イ連の活動」にもう一つ重要なことが加わる。ジャワ旅行である。

旅行目的は、懐かしさというより、仲間から聞きおよんだ数々のできごとを検証したいという気持ちが先立ってのこと。一九八五（昭和六十）から一九九五（平成七）年を入れて四回、三年に一度の割合で出かけている。年齢でいえば六二歳、六五歳、六八歳、今回が七一歳。旅程はいつも二週間。初回と二回目は通信兵仲間と一緒だが、三回目と四回目はひとり旅。

定年後の十五年のうちには、これらの他に図書館の蔵書を渉猟《しょうりょう》し、またインドネシアに駐留した軍隊の戦友会名簿集めなどもしていたのである。

七一歳のこの時点。内山の戦争の知識はかなり豊富。疑問が出れば一緒に考えてくれる兵隊仲間と旧軍人や旧軍属の人たちがいた。蓄《たくわ》えた知識をもってジャワ旅行に臨《のぞ》むため、ジャワの地理は頭のなかに描けるようになっている。

無意識に培ってきたこの〝能力〟こそ〈父親捜し〉に必要な知識の基盤だった。豊かなボランティア精神はもとより、蘭印時代の知識・戦友・その几帳面で忍耐強いキャラクターなど、内山には活動に必要な条件が揃っていたといえるだろう。

そして長年の戦争へのこだわりは三回目と四回目の旅で一定の方向づけがされていく。のちにオランダの日系二世の〈父親捜し〉の布石となるできごとが、その旅で起こっている。

初めての〈父親捜し〉

三回目の旅、それは一九九一（平成三）年の夏。旅の全容は割愛する。

関西国際空港を発ちジャワ島ジャカルタのスカルノ・ハッタ国際空港に降り立った。そこから国内航空便に乗り継いで、中部ジャワの古都ジョグジャカルタに入っている。

ジョグジャカルタで運転手と通訳つきのレンタカーを借りて、島を真北に縦断し、ジャワ海に面したスマランへ市へと向かった。関イ連で知り合った女性から「私の妹酒井富久子がスマラン市にいます。ぜひお立ち寄り下さい」と勧《すす》められていたことによる。

スマラン市にある酒井富久子の日本料理店「アボガド」は、街中から山手のゆるやかな坂を上った閑静な場所にある。突然の内山の訪問を酒井は喜んでくれた。初対面とは思えないほど酒井と内山は打ち解け、話に花を咲かせた。そんなとき酒井がいった。

「あの戦争では、日本人と現地女性との間に多くの子どもが生まれている。知り合いのヒン（男性）さんがその日系二世なんです。お父さんは戦後復員したまま。現在日本のどこにいるのかわからないのですが、名前だけはわかっている。お父さんを捜してもらえないかしら？」

戦時中の日本男性とインドネシア現地女性との間に生まれた子どものことは、通信兵のころに、将校や軍医の女性関係の噂をちらりと耳にしたことあるが、そんな噂話に気をとられるほど心に余裕がなかった。実際には初めて聞く話、驚きを禁じ得なかった。

酒井によるとヒンの母親は市内で美容院を経営しているという。

「その子どもさん、気の毒だなぁ」

内山はヒンに同情した。

「かなり前からですが、スマランに来られた数人の日本人の方々に、この件を頼んであります」

酒井は頼んだ日本人の名前と住所を記したノートを見せた。酒井の何とかしてあげたいという優しさが伝わってくる。内山はノートからその人たちの名前と住所を手帳に写し取った。その様子を見ながら酒井は「まだどなたからも、よいお返事がないのですよ」と残念そうにいった。

「捜しましょうか」

内山が好意的な返事をすると、酒井は感激し、その場で美容院へと案内した。

ヒンは不在だったが、仕事を終えた母親に酒井が用件を話すと母親は飛び上がらんばかりに喜んだ。さっそく母親は知っているかぎりのことを話した。必要な情報を書き取った。

とはいっても〈父親の姓〉＝「シモヤマ（仮名）」。〈名前〉＝「不明」。戦時中の〈職業〉＝「アンバラワの刑務所長」――これしかわからなかった。

アンバラワはスマランから一五キロ南方にある高原の町。戦時中、多くの俘虜収容所《ふりょしゅうようじょ》・民間抑留所《よくりゅうじょ》があったところ。母親に捜す約束をして別れた内山は、帰途《きと》、土地を確認するためアンバラワに立ち寄っている。

帰国後。酒井のノートから書き写してきた手帳のなかに、戦時中のスマラン憲兵隊員だった人物の姓名があることに気づいた。酒井がこの男性を頼りにしているような印象を受けたのと、元憲兵ならアンバラワの土地柄に通じて刑務所のことを知っているかもしれないと思い、東京に住むその男性に手紙を送った。返事は来たが、そこには「私は調査をする気持ちはありません」と書かれていた。酒井の待ちわびている顔が浮かんでくる。酒井に期待をもたせておきながら……と内山はその無責任さを憤《いきどお》り、これはなんとしても捜してやらねばならない、と心に誓ったのだった。

図書館に通う日々がつづいた。蘭印時代を題材にアンバラワにふれた小説、エッセイ、雑誌を手当たり次第に読んだ。そんなとき学者の書いた本の一節に「アンバラワ刑務所長は、韓国人軍属の反乱で殺された」とあるのを見つけた。しかし、そこに殺された刑務所長の名前はなかった。著者に問い合わせたところ「確認していない」との返答、代わりに「戦犯になった刑務官がいる」というヒントをくれた。急ぎBC級戦犯の資料を調べると、裁かれた人々のなかに「アンバラワ刑務所長・オガワ　キオノリ・広島県出身・無期懲役」があった。「刑務官」に関することは自前のスクラップブックのなかにある。ジャワの刑務官は内地から派遣された二〇〇名とジャワ作戦に参加して同島占領後、現地除隊して刑務官になった人とで構成されていたことがわかった。オガワは前者だ、生きていると確信した。それからは戦後のオガワの消息を求めて走りまわった。この間、父親についての問い合わせの手紙を再三ヒンに送っている。調査期間は三年。ようやく結果を出すことができた。父親はすでに故人となっていたが、親族から写真も入手したのだった。

四回目の旅は、ヒンにこの父親のことを知らせるのが目的となっていた。

一九九五年十月四日、内山は関西国際空港を発った。旅のコースは三回目と同じでジョグジャカルタでレンタカーを借りてスマランへと向かった。車中の内山の心は弾んでいた。ヒンと母親は喜んで、二人は日本へ来たいというに違いない、そのときは協力してやろう。みんなの感激する姿を想像するだけでこれまでの調査の苦労が消えていくような思いがした。

酒井と一緒にヒンの母親の店に行って、母親にオガワの写真を見せ調査結果を報告をした。

「いいえ違います。この男性はヒンの父親ではありません」

母親はきっぱりと否定した。

ガンと頭を殴られたようなショックを受けた。「刑務所長」にとらわれて思い込み調査をしてしまったようだ。苦い体験となった。

戦争による生き別れの親族調査の困難さを痛感しながら、母親に調査のやり直しを約束してスマランをあとにした。それはジョグジャカルタへもどる途中のことだった。あと四〇キロで到着するという場所マゲランまで帰って来たとき、ふと大阪出身の元残留日本兵である堀井のことを思い出し、彼を訪ねることにした。

「よいところに来てくれた。相談がある」

堀井は歓待した。堀井の妻は蘭印系でオランダ語が話せるため、来客にはオランダ人旅行者が少なくなかった。相談とはいったものの堀井がもちかけてきたのは、父親捜しの依頼に他ならなかった。

「じつは一昨日、オランダのジェリーが家に遊びに来た。彼女は戦争中に生まれた日系二世なんだ。日本にいるお父さんを捜してくれませんか、と頼まれたんだが、力を貸してもらえないだろうか」

よりにもよってマゲランで……驚いたが、ヒンの父親捜しと重なったのは、単なる偶然だろうと思った。ここでも内山はジェリーを本気で気の毒に思い協力を承諾したのである。

この二件については先に結果のみを述べておく。ヒンの件は都合六年という長い調査期間を経て熊本の父親(すでに故人)に到達。異母兄弟の兄が熊本でヒンと対面した。このヒンの件、つまり日本男性とインドネシアの現地女性の〈父親捜し〉が内山の活動の第一号である。オランダ日系二世の最初はこのジェリー。調査期間は三カ月と短い。金沢の父親(すでに故人)に到達し、異母兄弟の兄が金沢でジェリーと対面した。当時から内山が対面の労を取っている。この二人の〈捜し〉の活動時、内山にはまだ戦争が生んだ日系二世の問題意識はなく、二世への同情心と依頼者にたいする責任感が主。いわば純なボランタリー精神を大いに発揮してのことだった。

インドネシアから帰国したのは十月十八日。翌日からジェリーの父親を調べはじめた。

数日経って関イ連の会長加藤恭雄から電話がかかってきた。

「今度、父親を捜しているオランダの日系二世、JINの方が二人来られます。十一月四日、関イ連で歓迎会を催すことになっていますが、出席してくれませんか」

「出席します」。受話器を置いた途端、へェーこんなことってあるんだなぁ、内山は不思議な気分を味わいながらこれまでのことを思い出していた。

帰国から歓迎会まで二週間あまり、このわずかな期間でジェリーの調査を進展させた。父親の〈名前〉と〈出身地〉を明確にした机上調査を終わらせたのである。

オランダ二世たちの夜明け

それは、内山馨《かおる》が「ガンビル一つ星会」を結成した翌年、一九八三（昭和五十八）年のことだった。オランダのアムステルダムで、ヒデコ・ギスケがJINのプロローグともいえる小さなグループを立ち上げた。ヒデコは第一章で紹介した母サラと父ヤマカワの長女、このとき三六歳、結婚してひとり息子の母親となっていた。

日本の文化をもっと知りたいという理由から、アムステルダムにあった日本文化センターで働いていたヒデコは、偶然、日系二世のシェリー・ビィレンスと友だちになった。

このシェリーは、内山がマゲランの堀井から頼まれたジェリーではない。まぎらわしいのでビィレンスとしておく。彼女は、戦後、母親とともに日本の父親の郷里に住んでいたが、両親は離婚、母親は別の日本男性と結婚、それもうまくいかず母親と二人でオランダに帰ったのが一三歳のとき、という珍しい経歴をもっていた。

複雑な家族関係で気を遣いながら生活してきたせいか、ビィレンスは、自分が日系二世であることを恥じて自信を喪失、ヒデコに二世であることを打ち明けるにも恐る恐るという感じだった。

ヒデコは母サラから聞いていた話をした。

「世間には私たちのような二世はたくさんいるそうよ。私たちだけではないらしいの」

本当？　ビィレンスは驚いた。

その様子にヒデコも目を見張った。ヒデコとて自分が二世であることや大勢の子どもが蘭印で誕生していたことを母サラから教えられていたものの、わが子をもったこのときまで、同じ「日系二世」と出会ったことがなかった。日本人を父親にもつことを誇りとして育ち、すごしてきたヒデコにとって、ビィレンスの在り様はカルチャーショックともいうべく衝撃をもたらした。

ヒデコが、母サラと継父と継父の子ども（娘）と一緒にオランダへ移住してきたのは五歳。家族は円満だった。が、世間では丸顔で黒い髪、日本人の骨格と容姿をもつヒデコは目立った。六歳、周囲の子どもから「お前は中国人だ」とからかわれた。何のことだかわからずその訳を母サラに尋ねた。サラは「馬鹿にされちゃダメ。私のお父さんは中国人ではありません、日本人ですといいなさい。誇りをもってきっちり日本人というのですよ。さぁ今いい返して来なさい」と、叱咤激励。ヒデコは遊んでいた子どもたちのもとへと走った。

この一件があってからサラは父親についての事実を語って聞かせている。幸いなことは、ヤマカワからもらった写真や日本の住所を、サラが所持していたことだった。

父親の顔と名前と日本の住所を知ったヒデコは、父親に手紙を出そうと思い立ったが、住所はローマ字で書かれていた。そのためハーグにある日本大使館へ出かけ、日本の住所を確認してもらいたいと要望した。日本大使館から父親の住所を知らせるよい返事が届いた。手紙を書いたのが七歳。父親からの返事はすぐにはなかったが、しばらく経って受け取ったときには有頂天。それからぽつりぽつりの文通がはじまった。手紙には父親が学校の教師となり妻子のいることも書かれていた。手紙をもらうようになってから、ヒデコは「日本でお父さんと一緒に暮らしたい」といい出しサラを困らせた。父親を尊敬するよう注意深く養育していたサラだが、一緒に暮らせない理由を幼い子にわからせるためには嘘も方便、辛い説明に躍起になった。「もしかしてお父さんは貧しいのかもしれない、病気になっているかもしれない。ヒデコが行くと迷惑をかけるかもしれないから」と。幼いなりにヒデコは言動を慎んだ。だが、その内面では鋭い批判眼を父親に投じていた。お父さんはなぜ自分で努力して私たちを捜そうとしないのかしら？　自分では何にもしないで私の手紙を待つだけなんて。一緒に住めるように、なぜしてくれないのかな？

この気持ちは大人になってからも心の澱《おり》となり残っていたが、このころのこうした批判眼はそれほど長い間意識していたわけではない。ヤマカワから教えてもらった日本の生活文化を徹底的に伝授しようとするサラの養育に、ヒデコは素直に従い、日本の父親への愛情を深めていた。

ヒデコは日本の童謡や流行歌をマスターした。子どもにふさわしいと思えないような歌詞でも、ヤマカワが好んだ戦前のヒット曲だったのだろう、サラは歌詞もメロディーもヒデコが憶えるまで歌って聴かせた。〽真白き富士の気高さを　心の強い楯として……の『愛国の花』、〽男心に男が惚れて　意気がとけ合う　赤城山……の『名月赤城山』（作詞矢島龍児／作曲菊池博／編曲小沢直与志）など。『愛国の花』の歌詞は四番まである。『名月赤城山』は三番まであるが、現在、この母と子は、〽男心に男が惚れて、のホレがオレになっても最後の歌詞まで歌うことができる。

成長期のヒデコは日本語、柔道、華道を学び、祝いごとがあるたびに日本の着物を着た。蝶々夫人などの日本映画も観た。サラから口癖のようにいわれたのは父親、日本人、日本の国のよいところばかり。親戚の人たちからも同じように褒め言葉しか聞かされなかった。

一〇代、ヒデコは自分のことに夢中、父親のことは脳裏になかった。高校を卒業後、一九歳で高等専門学校に進学し社会文化系を学ぶためフランス語を専攻。語学研修のためフランスのリオンへ行った際、参加者のなかに数人の日本人学生がいた。そのひとりから「あなた、日本人の顔をしているわね」といわれた。その言葉が胸に刺さり日系二世であることを初めて知ったように、そうだわ、私は半分日本人なんだわ、と覚醒した。が、そんな意識も卒業、就職、結婚と慌《あわ》ただしくすごしているうちにすっかり消え、父親のことも忘れていた。

無性に父親が恋しくなったのは、ひとり息子が小学生のころ。「日本へ行きます」の手紙を送った。父親から「待っている」との返事が届いた。日本の地を踏んだのが三三歳。だが、父親と対面したのはヒデコの泊まった旅館。父親は妻に「友だちの娘に会う」と嘘をついて来たのだという。ヒデコは初めて自分が秘密の立場にあることを知って胸を痛めたのだった。

子ども時代には子どもらしく、学生時代には学生であることを謳歌してきたヒデコの生い立ちに、家族や他人の目を気にしながら心を委縮させ、ストレスで苦しむという抑圧された生活はない。このごく自然な健康的な精神と、家族の矛盾を否応なく見せつけられる二世のもつ悲哀の感情が相まって、ヒデコは社会への一歩を大きく踏み出していくのである。

ヒデコは、二世であることを恥じているビィレンスに提案した。

「どうして日系二世が、社会のなかでびくびくしながら生きていかなくちゃならないの？　変ね。二世同士で集まってお喋りして、仲良く、楽しくすごせるグループがあってもいいと思うわ」

ビィレンスは賛成。

二人はグループを作ることにした。考え出したグループ名は、「コンタクトグループ・ジャパニーズ・ルーツ（日系混血人連絡会）」だった。

最初にヒデコは、大手新聞の一つ、フォルクスクラント紙の『呼びかけ・お知らせ』欄に、「私たちと同じ蘭印系の方々の連絡をお待ちしています」という記事を載せてもらった。

反響があった。すぐに数人の二世から手紙が届いた。メンバーは二人三人と加わった。

みんなで集うようになってふたたびヒデコは驚いた。最初、どの人も自分が二世であることを進んで語ろうとしない。一人ひとりと打ち解けていくうち、一様にみんな同じ精神的問題を抱えていることに気づいた。これまでの辛かったできごとがトラウマとなっているのだ。心のケアの必要性を感じたヒデコはすぐに行動した。ケアに応じてくれそうな相談員に支援を仰ぎ、日本大使館からの支援も得たいと出向いた。だが、一般的に日系二世の存在は知られてなく、なかなか話が通じない。そこである蘭印系の団体を選んで相談し、ソーシャルワーカーを派遣してもらうことになった。社会の現実と初めて向き合ったヒデコは、日系二世の存在を広く社会に認識させ、理解を得ていくことの必要性を痛感せずにいられなかった。

幸運にも新聞記事が功を奏し、マスコミの注目度は高くなっていった。ヒデコはマスコミの取材を積極的に受け、ビィレンスも人が変わったように自信をもって動いた。大手新聞や地方新聞のインタビューが相次ぎ雑誌にも取り上げられるようになった。

こうした状況が三年つづいた。

この三年目が一九八五（昭和六十）年、戦後四十年に当たる。オランダでは戦争犯罪を扱った四種類の記念切手が発行された。うち三種類は大戦中オランダ本土がドイツに占領されていたことに由来するドイツ・ナチズムの絵柄、もう一種類は泰面鉄道（正式には泰緬連接鉄道）と皇居に向かって遥拝するオランダ人女性が印刷されている。日本軍の蛮行を取り上げた絵柄だった。

蘭印時代、日本軍はオランダの軍人等に身分カード「俘虜銘々票《ふりょめいめいひょう》」を作成し、俘虜収容所に抑留した。民間人には「外国人居住登録宣誓証明書」の所持を義務付け、この証明書で居住場所を三種類にわけた。元高級官吏、重要企業の幹部、敵意を有する一般人などを「敵性濃厚者」として拘禁、一六歳から六〇歳までの活動力ある男子を「居住制限者」として各州の刑務所、学校、民家などに収容し、農耕や飼育など自給自足の生活を強いた。婦女子や六〇歳以上の男性を「指定居住者」として一定の場所や地区に収容している。

抑留所では劣悪な環境の下で低カロリーの食べ物しか支給せず暴力を繰り返した。女性にたいしても日本のお辞儀《じぎ》や宮城《きゅうじょう》遥拝《ようはい》を強制、拒めば容赦なく私的制裁を加えた。そればかりか捕虜の使役《しえき》は条約で禁止されていたにもかかわらず、男性のほぼ全員をマレー半島などの遠方へと強制連行し鉄道建設、道路復旧、飛行場建設などの過酷な労務を課した。日本の長崎、福岡、大阪、名古屋、横浜、東京、仙台などで造船工場、港湾荷役、鉱山労働にと従事させている。

戦時中の捕虜《ほりょ》、傷病兵、抑留者《よくりゅうしゃ》については人権を重視し、人道的な対応をすることが一九二九（昭和四）年のジュネーブ条約（『俘虜の待遇に関する条約』）で決められ、各国が認めていた。日本は同条約に署名したものの批准（加盟）をしていなかった。国際的慣行があることを知らない日本軍は「敵国人」となった捕虜の権利を認めない非人道的な取り扱いをしたのである。

切手の絵柄になった泰面鉄道は、タイとビルマ間をつなぐ全長四一五キロ（約、東京―大垣間）の軍用鉄道の工事のこと。オランダ人、イギリス人、オーストラリア人などの捕虜と旧蘭印やマレー、ビルマなどの現地から労働者を投入して一年三カ月の異例の早さで完成させた。険しい山岳地帯の労働は苛烈《かれつ》を極め捕虜五万五千人のうち一万三千人、現地労働者約七万のうち三万三千人が犠牲となったといわれている（『太平洋戦争』木坂順一郎著）。

この俘虜ならびに被抑留者の非人道的な扱いがオランダの反日感情の源となった。オランダ側発表として、旧蘭印では〈一二万七千人のオランダ市民が強制収容所に抑留され二万人以上が死亡した〉（平成元年二月一日付毎日新聞）とある。

記念切手が発行された翌年、日本の新聞にオランダ社会のことが載っている。見出しは〈オランダ女王　訪日説に反対の大合唱〉（昭和六十一年十二月三日付朝日新聞夕刊）。ここにはベアトリックス女王夫妻に訪日の計画があるというニュースに端を発し、国内で激しい反日運動が起こった。〈旧オランダ領インドネシアで日本軍の捕虜となり、虐待されたとする退役《たいえき》軍人団体などの反日運動が発火〉とあり、騒ぎが政治問題化したと報じている。結果、女王の訪日計画は実現されなかった。

一九七二（昭和四十七）年の昭和天皇訪蘭の際にも反日デモが起こり、パレード中の車に魔法瓶が投げつけられている。

ヒデコとビィレンスがKRO（カトリック・ラジオ放送）の深夜十二時の番組に招かれてインタビューを受けたのは、右記の記念切手が発行された翌年（日本の年でいえば昭和六十一年）、政府を揺るがす反日運動が盛んになっていた年である。

二人はマイクの前で熱心に日系二世について語り参加を呼びかけた。

日を置かずして何通かの手紙が舞い込んできた。一通は日本人の子どもをもつ母親からの励ましだったが、他の手紙には日本人と日系二世にたいする恨みと批判、軽蔑と偏見が綴《つづ》られていた。二人は震えた。そんなある日のこと、ヒデコの家の玄関に「ハラキリ」と書いた紙が貼られていた。これを機にいっとき二人は活動を自粛したのだった。

社会に呼びかけるというこの草の根活動を展開していた時期、ヒデコの思いはまだ仲良しグループの域を脱してなく社会的意義をもつ活動という意識からほど遠いところにあった。が、ヒデコとビィレンスの作ったこのグループが、未成熟とはいえ戦後四十年以前、日本人の血を引く二世がオランダ社会で堂々と声を上げた最初である。

ヒデコたちの意識が確立し、ビジョンをもった活動に入るまでの間に、日本の年号は昭和から平成へと移行したが、オランダ社会の反日運動の嵐が鎮まることはなかった。昭和天皇の大喪の礼にオランダ王室からの出席はなく、ブルック外相のみが出席すると報道された。〈首相府報道官によると、「王室から出席しないのは、大戦中の日本軍の行為について悪感情がオランダに残っているからだ」〉（平成元年二月一日付毎日新聞）と伝えている。

こうしたなかメンバーは増えて一〇人となった。

すでにみんな家庭を築き四〇歳半ばに達していた。冷静に自らを客観視できる年齢になっている。それでも自分に自信をもてない人が多かった。ヒデコの願う仲良しグループに、活動の趣旨とか規則といった鯱《しゃちほこ》鉾張《ば》ったものがなかったせいか、メンバーはリラックスして自分を語り、他人の過去に耳を傾けはじめた。「日系二世」という立場を思考するようになったのである。

「日本のお父さんに会いたい」

父親を慕うという本音を語ることさえ多くの二世たちには難しいことだったが、この会を契機に、それぞれが父親を求める思いを口にしはじめたのだった。新メンバーのなかに前出の櫻の会長・リシャード・ホルクマンとクラウディネ・メイヤー（第一章で紹介・ナノの長女）がいる。本音を語ることができなかったのはリシャードも同じ。日本人の体形と顔つき、市役所に勤務し福祉の仕事についていたリシャードは誠実な人柄で人望を集めていたが、胸中には深い悲しみを抱えていた。

それぞれの生い立ち

戦争末期（昭和二十年二月十四日未明）、東部ジャワのブリタール市で現地住民をもって編成していた防衛義勇軍《ぼうえいぎゆうぐん》の一部が反乱を起こし、指導官と数人の日本人が殺された。「ブリタール事件」である。この日、午前九時から十時ごろ、塩水港製糖《えんすいこうせいとう》ジャワ事務所の職員海老原卯之助《えびはらうのすけ》が車を運転して事務所へ向かう途中、ベンチェという土地を通過していたときに反乱部隊が発砲、海老原は車中で銃弾に斃《たお》れた（『ジャワ防衛義勇軍史』）。この民間人犠牲者がリシャードの父親である。

二七歳。海老原の死はリシャードが生まれて三日後のこと。赤ちゃんを抱いたその数時間後だったという。海老原は独身。リシャードの母親には、オランダ人の夫と男女の二人の子どもがいた。海老原と母親の出会いは、夫が俘虜収容所に入っている間、スパイ容疑で逮捕され拷問を受けていた母親を海老原が助けたことがきっかけだったという。それから関係が深まっている。

戦時中の母親の行状ははっきりしない。リシャードによると、母親は住宅街の一部を簡素な塀で囲んだツルング・アグング抑留所に入れられた。そこで「長」の立場にあり、そしてここで出産しているとのこと。海老原が亡くなる前に赤ちゃんのリシャードを抱いたという場所はこの抑留所のようである。戦後は、インドネシアの独立戦争中、母子とも、インドネシア軍の収容所に入れられた。ここで海老原の写真や思い出の品が入ったスーツケースを盗まれたそうだ。

終戦後、帰還したオランダ人の夫は、妻に日本人の子どもがいることを知って連絡を断った。夫妻は離婚。母親は再婚したがふたたび離婚。その間二人の子どもは先に引き揚げていたオランダ人の父親を頼って移住した。その翌一九五六（昭和三十一）年、母親と一一歳のリシャードが移住している。オランダで母親は周辺の人々から村八分にされた。理由は、日本人の子どもがいること、抑留所時代の食料の配分にたいする恨みをもつ人がいたからだそうである。

母親と反目していた異母兄弟の兄は、リシャードを認めず無視しつづけた。「お前がこの世に存在する理由はない。お前は売春婦の子だ！」。悲しみに襲われるたびリシャードは亡き実父の姿を求めたが、父親の姿は浮かんで来ない。それでもいつのころからか、日本の父親の実家へ行ってみたい、父親の写真を見て墓参をしたいという強い願望をもつようになっていた。しかし、父親の手掛かりはほとんどなかった。（平成十九年六月、当取材中にリシャードの〈父親捜し〉は達成した。内山が捜し出したのは千葉に住む父親の妹。彼の面会には叔母と従姉が応じ墓参をすませた。現在交流あり）

複雑な親子関係、継父の愛情のなさ、兄弟との確執《かくしつ》、母親の地域社会との隔絶など、二世を取り巻く環境は様々である。子どもの在り様は、社会のなかの母親の在り様を映し出しているところがあるが、母親はオランダ社会でどのように見られていたのか。

「戦争中、特に日本人と関係して悲しい思いをした人ほど、私のような日本人の子どもを産んだ者にはよい感情をもっていませんでした。軽蔑《けいべつ》されている視線を私は感じていました」（サラの証言　第一章ヒデコの母）。「普段、私たちが反日感情という場合、それはオランダの社会全体ではなく、蘭印系オランダ社会を指しています。日本人の子どもを産んだ蘭印系の母親を恥とみなし、母子を侮辱《ぶじょく》

していたのです」（ツルースの証言　第一章ロンの母）

家庭での夫と妻の関係はどうか。

「現在ではなく戦後のことになりますが、社会のなかで、蘭印系は一段低い級の人間として見られています。その関係が家庭にも反映されていました。蘭印系の妻はオランダ人の夫に奉仕するのが当たり前と、まるで使用人扱いでした。妻は下僕のように、夫に気を遣っていたのでものがいえません。ましてや日系二世は半分日本人の血を引いた子。継父に嫌われ、母親に疎《うと》んじられる子どもは珍しくはなかったのです」（エドワードの証言　第一章エリオノーラの長男）。

これらの証言から「日系二世と反日感情」という場合、悪感情が渦巻いていたのはオランダ社会全体ではなく、蘭印系オランダ人の社会だったことがわかる。蘭印系社会では日本人と関係をもったことをタブー視されていた。そのためか、母親から日系二世であることを告げられず、大人になって初めて自分の出自を知るという人もいた。現在も自分が日系二世であることを知らない人がいるという。二世の誕生を知ったほとんどの父親はわが子に日本名をつけているが、移住の前のインドネシアでパスポートを取るとき、その日本名を抹消し、オランダ系の名前に変更した母親がいる。日本男性と関係をもったことを周囲にさとられないためだった。二世の誕生年を変え、あえて異なる誕生年を本人に教えていた母親もいる。

これらの証言を子ども側から整理してみると、まわりの蘭印系オランダ人から「敵の子」と忌み嫌われ、異母兄弟たちには無視され、母親からは「お前のために苦労してきたのだ」と、ののしられて罪の意識を植えつけられてきたという最悪のケースが考えられる。子ども時代の辛い体験を引きずったまま大人になる。心奥に沈殿した罪の意識が、大人になってから色々な意味で自信のなさとなって表れていたのである。

一方、そうではない二世がいたことは第一章で紹介している。

クラウディネの夫は貿易会社に勤務。子どもは二人だが、障害をもつ子がひとり。彼女は障害児関係のボランティアをはじめ、幾つかの地域活動をしていた。聡明で気配りの人。

「母も継父もよく可愛がってくれたお陰で、伸びのびと育ちました」

彼女は生い立ちの一端を屈託なく語る。

父親「コオロギ　ヤスオ」のことは、インドネシアで母と母方の祖母と三人で暮らしていた幼少のころ、祖母からたくさん聞かせてもらった。「お前のお父さんは日本人だった。だけど、そのことをちっとも恥じることはない。誇りをもっていいんだよ。とてもよいお父さんだったから」。祖母はその出自を肯定的にとらえ、幼い心に誇りをもたせた。母ナノも継父も同じ態度で接している。温かい眼差しのなかで成長していくクラウディネの心に孤独はなかった。

「他の二世に比べて、私は精神的に障害が少なくてすみました」

クラウディネによると、「二世の精神的な障害」に関わってくるのは、移住の時期もあるという。

移住者はオランダ人と蘭印系オランダ人を合わせておよそ二三万人（『戦後引揚げの記録』若槻泰雄著。三〇万人の説もある）。うち「八〇〇〇人から八〇〇〇人が蘭印系の子ども」。この子どもの数は、当取材で在日本のオランダ大使館に子どもの移住人口を問い合わせたときの回答である。オランダ大使館の提示したこの数字には大きな開きがあるため、不思議に思う人がいるかもしれないが、新聞や雑誌で見かける根拠なき「子ども数は約二〇〇〇人」よりはるかに納得できる。

この移住者には俘虜も含め蘭印系オランダ人が多かった。そのなかには蘭印生まれの二世三世が大勢いた。オランダ国籍をもっているが、祖国を知らない人々である。気候風土の異なる初めての土地で言葉も満足にできないまま、生活を整え、人生を切り開いていかねばならないという、移住者の困難は大きかった。それだけに、幼くして移住し、世間の目にふれる機会の多かった二世たちの方が、移住の遅い二世たちより苦しみが大きかった。個々人の生活環境にもよるだろうが、一般的にはインドネシアで少女期・少年期をすごし、ある程度郷土意識を身につけ、自己確立の基礎ができてから移住する方がみじめな思いをせずにすんだようである。戦後のもののない時代をすぎて社会が明るい方向に進みはじめていたことも大きく影響しているだろう。

クラウディネの移住は一七歳・一九六一（昭和三十六）年。

だが、伸びのびと成長した彼女も、また日系二世ならではの懊悩を抱えていた。

「普段は三カ国の血を受けていることを国際的だと誇りにしているのですが、いったん私は誰なの？　インドネシア人？　オランダ人？　日本人？　と思いはじめると出口のない暗闇の世界に閉じ込められます。自分がどこに位置しているのか、どこに自分があるのかが見えなくなるのです」

「JIN」結成

異なった背景をもつリシャードとクラウディネであるが、二人ともグループに参加したことを喜んだ。同じ運命にある人たちと仲間意識を共有できたお陰で精神的にも強くなった。

メンバーに活気がでてくると色々な計画を練りはじめた。自分たちの精神力を高めて〈父親捜し〉をしようという気力が湧いてきたのであった。

数人がハーグの日本大使館へ出向き、父親の捜索を願い出た。職員は親切だった。「どうぞ、お父さんとお母さんのことをこの用紙に記入して下さい」。用紙が差し出された。記述できるほどの情報をもち合わせていない二世たちは、それを見てひるんだ。しょんぼり帰るしかなかった。

みんなで集まっていたある日のこと、今後の課題が話題になった。そのとき誰かがいった。これからどうする？　別の誰かが率直にいった。「このグループ名（コンタクトグループ・ジャパニーズ・ルーツ）ってあまりに直截的《ちょくせつてき》、よい名前ではないわ」。こうして雑談しているなかで新たな名称が誕生した。それが「第二次大戦中（あと）に生まれた、インドネシア系オランダ人を母に、日本人を父にもつ混血児の会（Japans Indische Nakomelingen）」。略して「JIN《じん》（人）」となった。

一〇人のメンバーで「JIN」を創立したのは一九九一（平成三）年二月一日のことである。

会の形態は参政権を有する者を会員とする協会（連合）。運営費用は各自の会費。会長・書記・会計・委員で構成する執行部を設置した。執行部五人、会員五人。ヒデコは委員になった。

会員の条件は、日本人の父をもち蘭領東印度の血筋である子孫にかぎられた。

活動目的は「オランダで同じ日系二世を捜そう」「自分たちの存在をまわりに教えていこう」「精神的に問題のある人には専門家の指導を受けられるようにケアしよう」「日本の文化を学ぼう」「父親捜しの支援をしよう」など。日本へ向けて活動をしてくことも狙いの一つとした。具体的な活動としては一年に四回大きな会合を開く。オランダ、インドネシア、日本に関する歴史の勉強と三カ国に関する文化講座、日本とインドネシアの文化を知らせるため作品を発表するなど。父親の国日本を旅行できるよう日本大使館と交渉をもつことも課題に入れている。

この活動の趣旨をわかりやすくまとめると、日系二世の存在を受け入れてもらうためオランダの蘭印系社会のタブーをなくし、それを社会へと拡大していくという画期的なものだった。

このころ日本にたいするオランダ人の悪感情にはまだ険しいものがあった。JIN創立の五カ月後の新聞記事には《大戦犠牲者への献花、池に投げ込まれる》（平成三年七月二十一日付朝日新聞）の見出しがあり、海部俊樹首相がハーグにある戦没者の記念碑に献花をしたところ、数時間後、碑のそばの池にその献花が捨てられていたと報じている。

しかし、メンバーは水を得た魚のように活き活きと活動をはじめた。社会へ訴えることは「JINの存在を知らしめること」「父親を捜すための協力を得ること」である。

この時期にはベアトリックス女王の日本訪問が決まっていた。それを知ると女王に書簡を送った。日本のマスコミにも連絡した。ただちに東京新聞や朝日新聞をはじめ各新聞社と週刊誌が取り上げた。テレビ局も動いた。

ベアトリックス女王夫妻が国賓として来日したのは、JIN創立年の十月二十二日。両陛下主催の晩餐会で、女王は〈数多くのオランダ国民が太平洋における戦争の犠牲となりました。（略）その経験は、生涯、傷跡として残っています〉（平成三年十月二十三日付毎日新聞）と戦争にまつわるスピーチを熱を込めてしている。

翌一九九二（平成四）年の一月、国会で日系二世の問題が取り上げられた。当時の社会党千葉景子参議院議員が質問に立った。「オランダ在住の日蘭混血児が父親を捜している。人道的立場から政府が手助けをするべきではないか」。宮沢喜一首相が「可能なかぎり協力する」と答えた。

元厚生省が協力態勢を取ったのはそれからである。

同年、在オランダの日本大使館では申請書を常備し、正式に申請を受け付けることになった。この申請書は〈父親捜し〉において重要な位置を占めるため全体を紹介しておく。

題は『第二次世界大戦により親と離別した日系二世調査』。内容は五つの欄と各項目で構成されている。ここでは各項目を（・）でつないでいく。これらは日本語で書かれその下にオランダ語がならぶ。横書き。たとえば〈氏名〉の下は空白で記述できるようになっている。

「日系二世の状況」＝氏名・住所・生年月日・親からみた続柄・日本の国籍をもっているか（はい／いいえ／わからない）・日本の本籍地。「両親の氏名・国籍」＝〈父〉氏名・国籍・日本の本籍地。〈母〉氏名・国籍・日本の本籍地。「両親の結婚の状況」＝いつ結婚したか・どこで結婚したか――教会名・正式な結婚であることを証明する書類をもっているか・日本の親との親子関係を証明する公文書をもっているか。「両親との離別の状況・その後の消息」＝両親の戦前の職業／日本軍との関係・離別の状況／時期／場所等・戦後日本の肉親と会ったか。「日本政府に希望すること」（項目なし）。

先にハーグの日本大使館へ二世たちが要望に行ったことにふれたが、当時の用紙もこの内容に似ていたのだろう。ここには「両親の結婚証明書」とか「親子関係の証明書」などを書き込む欄がある。二世たちがしょんぼり帰って来たのも無理はない。

それでも二世たちは申請した。一九九二（平成四）年から二〇〇一（平成十三）年までの申請者は五三人。この期間の〈父親捜し〉にかかわったのは、篤志家たち、在日本のオランダ大使館、テレビ局など。情報を入手した関係者がいっせいに元厚生省とともに動いている。

結果、数件の〈捜し〉が達成され新聞紙上を賑わせた。これは元厚生省以外の民間の人々の成果だった。内山の証言によると、元厚生省の〈父親捜し〉の成果は一件のみ、母親が日本の住所をもっていたことによるものだという。

時間をＪＩＮ創立年にもどそう。

同年十一月、日本から吉報が届いた。朝日新聞を読んだ神戸の七二歳の元軍人・佐藤和夫から「以前から娘を捜しています」と手が挙がったのである。佐藤は娘フレダー・レインダースと十二月にオランダで対面した。フレダーはＪＩＮの会員ではないが、父佐藤がＪＩＮに問い合わせ、ここからオランダ国際赤十字に依頼している。この親子の対面の陰には、のちに日系二世の連載記事を書いた東京新聞社の女性記者の活躍もある。

「父との出会いは感激でした。私たち親子はテレビ局のカメラの前に立ち、押し寄せて来る新聞記者のインタビューに応えました。躊躇する気持ちはあったのですが、日系二世のことが少しでも世間に理解していただけるならと思い、私はマスコミの人たちにお話ししました。父も驚きはしましたが、

事情を話すと、気持ちよく了承してくれました」（フレダー・レインダースの証言）

親子の対面をオランダのテレビ局が放映した。大きな反響を呼んだ。そのあと、有名新聞が一面を割いて報道した。それはＪＩＮ発足の門出を祝うような華々しい報道だった。

メンバーはフレダーに祝福を送りながら、わが父を思った。「以前から娘を捜していた」という父親は、後にも先にも佐藤和夫ひとりしか表に出て来なかったが、このとき二世たちは、もしや自分の父親も自分たち母子を捜しているかもしれないと希望を抱いた。なかには、父親は自分たちがオランダに住んでいることを知らず、インドネシアで捜しているかもしれない、と思い込んで、父親の心情を察して心配するということがあってもおかしくはない。それほど二世たちはフレダーの喜びに自らを重ね、〈父親捜し〉に希望をつないだ。

翌年一月、いっきに二八人の新メンバーが加わり、ＪＩＮは湧き立った。

その一方でメンバーが一喜一憂するできごとがあった。〈父親捜し〉の協力を日本のいくつかの戦友会に連絡したが、梨のつぶて。メンバーには日本の旧軍人の会は「冷たい」と映った。

ＪＩＮが大阪の関イ連に辿りつくまでの足取りを整理すると、クラウディネが女性メンバーと組んでインドネシアへ行き、元残留日本兵の発足させた「ヤヤサン福祉友の会」（このとき八〇人の会員）に協力を求めたが、好意的な返事はもらえなかった。代わりに関イ連のことを教えてくれた。それから来日して関イ連を訪問している。だが、関イ連でも前向きな返事はもらえなかった。関イ連がインドネシアと交流を深めるという明確な活動目的を掲げていたとはいえ、戦争に起因したこととなると会員一人ひとりの感じ方、考え方は異なる。オランダと聞いて顔をそむける人、悪感情を露骨に言葉にする人もいたのである。

幸いにも会員のなかから個人的な協力者が現れた。フレダーの父佐藤和夫と会長の加藤恭雄だった。二世たちの相談窓口には会長加藤がついた。関イ連関係者による〈父親捜し〉がはじまったのである。活動の中心は会長加藤恭雄と佐藤和夫であるが、二人はそれぞれ数人の自分の友人と組んで活動した。福岡や岩手へと飛びまわり、いくつかの成果を収めたが、それは最初のころのことで、二、三年経つと活動は沈滞気味になってくる。

この間、オランダでは、以前にも増してマスコミが日系二世を取り上げるようになっていた。

ＪＩＮの知名度が高くなるにつれ、会員たちは在オランダの日本人と知遇を得る機会が多くなった。のちにＪＩＮの相談役となる天文学者・大学教授で翻訳家の難波収、相談者となって親身に協力したローゼンダール弘子、日本に住みながらアムステルダムに「日蘭文化センター」を設立し、日本舞踊や生け花など日本との文化交流に尽力、来日した二世たちを自宅に泊めて献身的な世話をしている吉岡政子（同センター理事長）・信雄（現大阪府立大学名誉教授）夫妻などがいる。

順風万帆に見えていたＪＩＮの活動に亀裂が走ったのは、一九九五（平成七）年の一月から二月にかけてのことだった。会長となっていたリシャードや委員であるクラウディネなどの執行部の数人が脱退した。同年三月、彼らが財団法人櫻を創立したのである。

内部分裂の真相は不明としておきたい。一応、誰もが説明するのは、父親を捜すことに積極的な数人のメンバーが、勝手に捜索のためのポスターを作成して日本へ送ろうとしたこと。ＪＩＮの会議で、「日本ではこうした捜し方は通用しない」という執行部とポスターグループとの間で喧々囂々《けんけんごうごう》の議論があったということだが、経緯が大まかすぎてよくわからないからである。

オランダでその問題となったポスターを見ることができた。そこには若いころの母親の写真が一五枚と男性の写真が数枚掲載されていた。キャッチコピーは「インドネシアで会った友だちを探しています」「誰か我々をご存じありませんか」の二つ。父親と思われる男性の写真の下には氏名が書かれていたが、当然空白がある。一人ひとりの氏名を丁寧に確認していったとき、日本で依頼状に書かれている父親の名前をチェックしたときと同様の誤認を見つけた。二世本人が氏名を間違いだと気づいていないのだから誤認が多いのはやむを得ない。たとえこのポスターが日本で公開されたとしても果たして父親・その関係者が名乗り出たかどうか。もしこのポスターがＪＩＮ分裂の直接の原因であるとしたなら、父親を慕う純粋な気持ちが空回りした、あまりにも悲しいトラブルだと思えてならなかった。ポスターは日本のマスコミに一部送られて来ただけである。

ヒデコはこのトラブルに直接関与していなかったが、国内で同じ趣旨をもつ団体が二つできたことに心を痛めた。櫻創立の八カ月後にヒデコは来日している。

運命の出会い

十一月四日。内山は、正午開始の「ＪＩＮ歓迎交流会」に参加するため、会場となった大阪市北区天満橋にある中華料理店八仙閣へと向かった。ジェリーの件が現場調査を待つばかりというところまでこぎつけていたせいもあるが、オランダから来たという日系二世の話に興味を覚えた。

店内には二〇名足らずの参加者しかいなかった。この歓迎会は関イ連の主催によるものではなく、会長加藤による有志を集めての会だった。フレダーの父佐藤和夫も参加している。

挨拶は会長加藤、佐藤、次に来日したＪＩＮのメンバーであるヒデコ、〈父親捜し〉担当のヒデキ・ボーデンスタッフの順に行われ、加えて通訳のゲラルド・サレミンク神父が紹介された。

挨拶がヒデコにまわってきた。黒髪をふわりと肩までたらし、中肉中背の体を紺色のシックなスーツで包んでいたヒデコは、胸元を一連の真珠のネックレスで飾って、清楚で理知的なイメージを醸し出していた。そのかたわらに背の高い通訳のサレミンク神父が寄り添った。

このときＪＩＮの書記をしていたヒデコは、活動報告と〈父親捜し〉の協力を要請している。

「現在ＪＩＮのメンバーは六〇名になりました。みんなお父さんを捜しています。名前や写真などわずかな手掛りしかないので、日本の方々も調査が進まないようです。ここ二年で見つかった父親は七人。このなかの四人はすでに死亡、父親に会えた子どもは三人しかおりません。誰もが生きているお父さんに会いたい。私は会場へ来る前、父に会って来ましたが、想像以上に年老いていることを知り、大きなショックを受けました。今とても寂しい気持ちでおります。メンバーの願いをいっときも早く適えてあげなければと強く思いました。父親たちが年老いていく前に、いえ健在なうちに、父親捜しにぜひ協力して下さい。どうかよろしくお願いします」

ヒデコは父親に抱いた気持ちを正直に述べた。

三回目となる今回の来日で、ヒデコは最初に福岡県の水巻町《みずまき》を訪れ、そこで行われた元オランダ兵俘虜の慰霊祭《いれいさい》に出席し、それから関西に住んでいる父親ヤマカワのもとへ行っている。この朝は、父親と別れてまっすぐ歓迎交流会へ来たのである。

ヒデコが父親と会ったことは第一章で紹介した。母サラが、戦後一度だけヤマカワと国際電話で話をしたことを書いたが、それがこの昨晩のできごとである。この国際電話は、「お母さんに電話しなさい」と父ヤマカワにうながされたものだった。サラと話を終えて受話器をおいたヤマカワは、ヒデコの肩を抱いて低い声でいった。「お母さんの面倒をみるんだよ。ヒデコ、頼んだよ」。そのあまりの優しいいい方に、ヒデコはその場で泣き伏したいほどの寂しさに襲われた。久し振りに会う父がいっきに年老いて見え、ヒデコは妙な胸騒ぎを覚えたという。

日本に住んでいるのならともかく、オランダという海の向こうの遠い国に住む身であれば、滅多に会うことのない父親への思いは想像以上に熱いものがある。挨拶のなかで「父親たちが年老いていく前に、健在なうちに、父親捜しにぜひ協力して下さい」といった言葉は、メンバーの気持ちを代弁したヒデコの心からの訴えだった。

内山はじっと話に耳を傾けた。ヒンのこともジェリーのことも四六時中頭のなかにありながら、その背景や生い立ちまで考えるゆとりがなかった。ヒデコの真剣な言葉の一つひとつが内山の胸に響いてくる。同時に、蘭印ではこんなにたくさんの子どもが生まれていたのか、愕然とした。

そのうち食事となり雑談が交わされるようになった。

内山は通訳のサレミンク神父と名刺交換をした。神父はオランダ人で五八歳、教会は京都にあるが、一年の半分は東南アジアの各地で奉仕活動をしている。オランダへの帰国の際には必ずＪＩＮの様子を見に行くという神父は、ヒデコの足跡やその活動を簡単に語った。

話に感動した内山は何気なくいった。

「しかし、お父さんを捜すというのは難しい。私はインドネシアの人から頼まれたお父さんを、三年かけて捜したのですが、人違いでした。これからまた一からやり直しなんですよ」

サレミンク神父は驚いて身をかがめるようにして「お父さんを捜したのですか」と、訊き返した。

「今その最中です」と答えると、神父はヒデコを手招きして呼んでそのことを伝えた。

「まぁ、本当ですか」

感激したヒデコは、現在の様子を尋ねた。

「今手がけているのは二週間前からですが、意外と早くお父さんの故郷が見つかりました」

「わずか二週間で？　どうやってお父さんを捜し出したのですか」

内山はジェリーの父親捜しを簡単に説明した。

「お父さんの〈氏名〉は、〈姓〉が違っていました。職業は〈スマランの鉄道の事務局の職員〉となっていたのですが、当時、鉄道局で働く人はほとんど国鉄（現ＪＲ）から派遣されていたから、国鉄の人に頼んで戦時中の名簿を取り寄せたのです。ジャワでも転勤があるので心配したのですが、調べてみるとスマランの駅長をしていた人がいた。他の資料と照会した上でこの人だとわかったのです」

ヒデコは胸を熱くした。父親の情報が少なすぎることはじゅうぶんわかっている。会長加藤や佐藤をはじめ関係者が懸命に活動していることも理解し感謝をしている。だが、ポスターグループの根底にある〈捜し〉にたいする急いた気持ちを思い、また、オランダの母親たちの訃報が次々と届くようになっていることを考えると、闘うべきは時間だわ、とオランダにいて焦躁感に駆られることがあった。「この方なら」。内山にたいしてヒデコは会うべくして会ったような運命的なものを感じ、思わず懇願した。

「内山さん、手伝って下さい。ぜひＪＩＮにも、そのお力をお貸し下さい」

「私でよろしければ、お手伝いさせていただきますよ」

「有難とうございます。どうかよろしくお願いします」

表情を輝かせてヒデコは礼をいった。

喜んだのは神父も同様。教会に依頼状があるので、すぐにでも渡したいという。

「神父様のご都合のよろしいときに、私が京都まで、いただきに上がりましょう」

自分のしてきたことをこんなに喜んでくれる人たちがいるのか。内山は新鮮な驚きを憶えながらヒン、ジェリーにつながる不思議な糸が、オランダの二世たちへと、遠くへ延びていくのを感じてならなかった。

第三章　新たなる決意

歓迎会から五日後の昼すぎのことだった。

内山は京都市下京区佐竹町にあるサレミンク神父のいる教会「フランシスコの家」へ向かった。教会は阪急電鉄の四条大宮駅を降りて十分ほど歩いたところにある。

大事な客をもてなすように尊敬の念を込めた態度で迎えてくれた神父は、挨拶もそこそこに、

「これなんですよ、依頼状は。ちょっとご覧になって下さい」

と、さっそくテーブルの上にA四判サイズの用紙を置いた。厚さは三センチぐらいか。内山は思わずアッ、と声が出そうになるのを呑み込んだ。その数の多さに目を見張ったからだった。

神父の手もとに依頼状があったのは、仕事の合間に〈父親捜し〉をするためであったが、翻訳も主目的の一つだった。当時、依頼状の翻訳は、在オランダの日本人の主婦とサレミンク神父の二人で担当していた。ボランティアで協力していた主婦は、時間的な兼ね合いが難しくなり、多くが神父に送られてくるようになっていた。

内山は何人分の〈捜し〉をすればよいのかなどまったく考えていなかった。訊けばこれは二八人分

の依頼状だという。さらに追い打ちをかけるように神父は驚くべくことをいった。

「ヒデコがお会いできたことをとっても喜んでいました。それで、すぐにまた依頼状を送ってくるそうです。依頼状は到着し次第お手もとに届くようにしますから、よろしくお願いします」

ハァ、と答えたきり、内山は目を白黒させた。

神父は内山の戸惑いをよそに話を進め、具体的なことを話しはじめた。

「ヒデコから念を押されていたことなのですが、お金でご迷惑をかけたくないので、すべてご希望に添いますと。ですから遠慮なくおっしゃって下さい、お支払いはどうしたらいいですか」

いきなりの話にまたもや驚いた。金銭のことなど、なに一つ考えていなかった。驚きついでに「〈捜し〉の経費は誰が払うのですか」と尋ねてみると、神父はあっさり答えた。

「当事者の二世が支払います」

と。相変わらず戸惑っている内山に、神父はいくつかの好意的な提案をしてくれたが、どう考えてよいのかわからず返事のしようがなかった。そこで、捜すことになる父親の郷里のある地域や場所はどこが多いのかを知ろうと思い、目の前の依頼状をめくった。わずかな人しか郷里の記述をしていないが、そのなかで〈長崎〉と〈横浜〉が目立った。

「これを見ると長崎が多いようですね。そうだとすれば、たとえば長崎へ調査に行くときには、他の九州方面の二、三人分をまとめて調査に出かける。横浜であれば東京やその近県というふうに数人分まとめて調査をすれば、ひとり分の交通費はだいぶ節約できると思うのですが……」

精いっぱいの返答だった。

このとき初めて目の当たりにした依頼状の記述を、内山が信頼したのは無理もなかった。実際には父親の郷里の記述はほとんど誤認である。事実は宮崎県や熊本県であるにもかかわらず、九州出身者の多くが、なぜか〈長崎〉と記述していた。長崎の地名はかつてオランダ商館が置かれていたこともあってオランダ人には有名だったからなのか。このとき記述を信頼していたのは神父も同じこと。父親の出身地を割り出していくために予想を上まわる経費と時間がかかることなど、このとき二人は知る由もなかった。

さらに神父は細々とした経費にまで言及した。

「調査にかかる宿泊費、自宅からかける国際電話や郵送代といった通信費は、どうしましょうか」

内山の申し出で条件が確定した。それは経費の最低限を二世に自己負担させるものだった。

「交通費は一件ごとにかかった分だけ請求する」「飛行機は使わない」「宿泊費は一律七千円」、「通信費など他の経費は自前」。「二世は前払いをする必要なし」と。

神父は感謝の言葉を繰り返した。

「ボランティアといってもこれはたいへん難しい仕事です。時間が合えば私も一緒に調査に出ますし、二世来日の際には私が通訳をします。お困りのことがあれば何なりとおっしゃって下さい」

〈捜し〉にたいして神父が自分のことのように責任を感じている気持ちが伝わってきた。一三歳年下の神父に内山は大きな信頼を寄せ、よき友を得たように喜んだ。

ヒデコ、サレミンク神父、内山とつながるこの三人の信頼は、時間が経つほど強固なものになっていくが、この信頼がのちに内山と財団法人櫻との摩擦を引き起こすことになる。

結局、依頼状は、最初に原文のままオランダからサレミンク神父のもとへ送られ、神父が翻訳してから内山へ届けられることになった。また、調査結果はその逆ルートでオランダへ伝えることが決まった。経費については、後払い方式で内山から神父に請求書を提出する。その提出された請求書を神父がヒデコに送ることになった。支払い方法は、ヒデコから内山に直接払われることが約束された。

こうしてオランダからの依頼状に関する日本側のボランティアのルールが決められた。この内容と連絡システムは、これから八、九年後、内山のもとへ正式に櫻の依頼状が届くようになるまで継続する。

想像を絶する生育状況

夕刻。自宅にもどった内山は六畳の仕事部屋に籠《こも》り、二八人分の依頼状一枚一枚を読みはじめた。最初に目を凝《こ》らしたのは、二世たちの生い立ちや大人になってからの状況だった。

（左例は依頼状より一部転記。氏名は伏せている。一人称に筆者がリライト）


〈私があまりにも父親似で日本人の顔をしていたために、赤ん坊だったころ、母は殺そうとしたそうです。私は祖母に助けられ育てられました。私は双子の姉妹の姉になりますが、妹は母親似という理由で母親の手で育てられています〉〈母は僕の出生について一言も語らなかった。母の死後、異母姉妹からその秘密を知らされたので父のことはよくわかりません。僕は家族・親族から可愛がられて育っています。理由の一つには戦時中、日本人の父が家族の命を救ってくれたからだと聞いています〉〈戦時中、母はある屋敷で住み込みの家政婦をしていました。一六歳か一七歳のころです。その家に遊びに来た顔見知りの父に強姦されたそうです。大人になった私は、母に父のことを訊こうとしました。すると母は「お前は強姦されて生まれてきた子だ！」と冷たくいい放ったのです。驚きました。以来、私の精神状態は不安定になりました〉

短い綴《つづ》りから二世たちの悲惨な生い立ちが浮上してくる。生と死の境に立たされていた子、いじめや虐待を受けていた子、貧困のなかで祖母に育てられた子。知りたくとも父親のことを教えてもらえない子。内山は、依頼状から二世たちの助けを求める叫び声が響いてくるような錯覚に陥った。とりわけ胸に刺さる一通があった。

〈父と母が出会ったのは、昭和十九年、スラバヤ市の売春宿でした。そのとき父は二九歳ぐらい、背が低かった。職業はスラバヤに駐留していた空軍の飛行士中尉でした。母と別れたのはその年の十月から十一月の間だそうです。僕は、日本の父とその家族との接触や交際を希望します。父が死亡している場合はぜひお墓参りをさせて下さい。父の写真もいただきたい〉

売春宿で生まれたというこの男性の心情に思いを馳《は》せた。出自の在り方を認めることの辛さもさることながら、その事実を依頼状に書かなければならなかったことを考えると、どんなにか勇気がいったことだろう。それだけに父親への思いの深さが感じられる。子どもとはこんなにも父親を慕うものなのか。じゅうぶん認識しているとはいえ、目から鱗《うろこ》が落ちる思いがした。何とかしてやりたいがこれには〈捜し〉の方法がない。内山は依頼状を読んで暗い気持ちになった。

ところで父親と母親はどういうふうに出会っているのか？


〈母が収容所に入っていたとき〉〈知り合いの家〉〈母の勤めていたレストラン〉〈母が病院の看護婦をしているとき父が入院して〉〈母が警察に連行されたとき父が助けてくれた〉と様々。

思わずうなり、動揺した。〈出会い〉など二等兵として下僕の扱いを受け、私的制裁の日々を過ごしていた内山にはまったくの想像外、知らない世界のことだった。

戦争中の蘭印の日常

〈男と女の出会い〉については第一章の四人の母親の話から女性側の様子は見えて来たが、男性側の行動には疑問が残る。なぜときどき好きな女性に会いに行けたのか。ここでは簡単に戦時中の蘭印の様子を探ってみよう。まずは住まいから。どうなっていたのか。

日本軍は軍政を敷くとオランダ人の使っていた公的な建物や私的な家屋を接収した。接収したオランダ人の住居は、当時の日本では夢を見るような快適さがあったという。尉官は四、五〇坪の家に住み、佐官は二、三〇〇坪の家、将官は巨大な邸宅に入っていたが、司令官が総督官邸に入った以外は、それぞれ好みに応じて接収した。（前掲『秘録　大東亜戦史　蘭印篇』の「インドネシア風物誌」執筆者・

当時朝日新聞社外報部・谷口五郎）。接収物には当時の高級車であるキャデラックやリンカーンの旧型といった豪華車もあった。接収物はタダである。

軍人の場合、准尉以上は一般市民の居住地内において一戸建て住宅に住むことが許された。この住宅から勤務先の兵営に通勤している。これを「営外居住《えいがいきょじゅう》」といった。そこには家事をする世話係の下級兵士が同居している。将校（少尉以上の軍人）待遇以上の軍属も「営外居住」が許されていたため、同様の住居事情だったが、家事には現地人や蘭印系の女性を雇っている。

軍属の一例が、第一章登場のエリオノーラの証言のなかにある。彼女の相手の男性「ムラカミ　マコト」の家が周辺で一番大きかったこと。家には洗濯係、食事係、家の手入れ係、運転手というふうに現地人を雇っていたことなどが話のなかにあるように、使用人を雇《やと》うのは当時としては珍しいことではなかった。むしろ一般的といえるだろう。使用人の給料を払うのは雇い主だが、そこには現地の人々に仕事を提供する意味もあった。日本人の雇い主と使用人の女性との間に二世が誕生した例はある。

もう一つ釈然としないのはサラが語った「スラバヤには日常があった」というこの「日常」である。聞く者には戦争中の意識があるためか、理解しづらい。日常とはどういうことか。

ジャワで国策会社の南方航空の飛行機整備員（軍属）をしていた佐々木竜真（在東京・九〇歳）は、インドネシアの現地女性との間に男の子一人をもうけている。現在インドネシアに住んでいる子どもや孫とは交流がある。佐々木は自分の体験した「日常」について語った。

「毎日、朝から夕方までが仕事でした。今の通勤者のような生活です。夕方仕事を終えるといったん家に帰り、スーツに着替えて、恋人が働いている兵軍人専用の食堂へ通う。彼女はレジ係でした。この店で知り合ったのです。互いに独身でしたから、親しくなると、彼女を自宅まで自転車で送るようになりました。彼女の家で泊まったのは終戦の前年、一九九四年の九月か十月のことです。たまま十日間の長期の休暇が取れたからで一回だけのことでした。月給はじゅうぶんにいただいておりましたので、彼女と交際するお金は心配したことがありません」

蘭印のジャワには現在の通勤者と同じように、家から職場に出て、夕方仕事を終えて女性に会いそれから家にもどる。こうした生活、つまり「日常」があったというのである。一応、佐々木に、昼間から飲食して遊ぶことはなかったですか、と尋ねてみた。

「それはなかった。やはり戦争中だという緊張感はありました。空き時間はよくありましたが、そのときでも仕事場にいました。それは仲間の誰もがそうでした」

と答えた。この質問は、将校が昼間から料亭で女性をはべらせて酒を飲むなど、不埒《ふらち》な態度を見せ、周囲の顰蹙《ひんしゅく》をかっていたという話をときどき本のなかに見つけるからである。前掲の谷口氏の文章のなかにも〈兵営から出てくる日本兵が酒よ、ビールよと白昼から酔っていた醜態は、文字通り鬼が酒をのんだ姿と同じく、日本軍がインドネシアの人々のあなどりを受ける最初のスキを見せることとなった〉と記している。

二世たちの父親の行状はわからない。もちろんこのような日々を送っていたという取材の〝材〟はないが、これらの証言は、子どもが誕生する背景として考え合わせると興味深い。

ここで全七五通の依頼状から整理した次のことを記しておきたい。記述者の数の少なさと記述内容がまちまちのため、依頼状をデータとするには適性を欠くことは承知しているが、二世の資料が皆無であることを考えると、せめて整理した内容を一部でも書きとどめておくのもだいじなことではないかと思い、紹介する。

〈誕生場所〉＝ジャワ島、スマトラ島、旧セレベス島、アンボン島、シンガポール。最多のジャワ島では、東部ジャワ（スラバヤ・マラン・パスルワン・ブリタール（トロナゴン）・ケデリー・ガラハン・バニュワンギ）。中部ジャワ（スマラン・マゲラン・ジョグジャカルタ・チェリボン・サラティガ・ペカロンガン・クラテン・マディウン・スラカルタ）、西部ジャワ（ジャカルタ・バンドン）となっている。蘭印は、ジャワ島とスマトラ島を陸軍が担当、旧セレベス島などのその他が海軍の担当と分けられていた。これを見るかぎり、日本軍の駐留した蘭印全域で子どもが誕生している。

〈父親の職業・仕事（内山調査で確認ずみ）〉＝軍人（憲兵をふくむ）・警察官・刑務官・裁判官・銀行員・商社マン・鉄道員・通訳・建設会社・繊維工場長・農業指導者・倉庫会社・電話局員など多岐に。上位は、軍紀を取り締まる立場の軍人（一二人）、憲兵（七人）、警察官（五人）の順。

〈交際・同棲期間（記述者は少数）〉＝同棲は三年・二年半・二年、約四カ月の交際で男がときどき家にきて泊った・一緒に住んでいない。

〈親となった男女の年齢〉＝男性は二〇代から四〇代。女性は一〇代から三〇代半ばまで。最年少者は一六歳。集中しているのは一九歳から二一歳の独身女性である。男性の年齢について、のちに調査に歩いた内山によれば、「実際は依頼状に記載されている年齢より、歳がいっている父親が多かった」という。日本人は若く見られていたようだ。
〈姉妹・兄弟・姉と弟・双子〉＝一組の男女から子どもが二人生まれたケースが九組ある。
〈男性と女性の事情〉＝両者とも独身者もいれば既婚者もいる。

さらに子どもの誕生年だけではなく、「誕生月」を見ていくと、一九四三（昭和十八）年生まれで、最初に現れるのは八月である。四五（昭和二十）年は、四月と八月以外のすべての月、四六（昭和二十二）年には九月と十二月をのぞいたすべての月に誕生がある。

依頼状は驚くべくことを語っていた。それは蘭印攻略によりオランダ軍が降伏し、日本軍が軍政を布いた直後から、蘭印には軍人・軍属・一般邦人が私事で気ままに動ける〝土壌〟があったことを意味している。同時にその〝土壌〟は、日本軍の占領した三年半、敗戦が近づくにつれ沈静化するどころか一層活発化されていたことが、子どもの誕生年からわかるのである。

戦争中、蘭印は主だった地上戦がなかったため平穏だった。ソロモン諸島の南東ガダルカナル島からはじまったアメリカの攻勢は、ニューギニア北岸と飛び石伝いに機動して、レイテ、ルソンなど進路を北西にとり、フィリピン・マニラの奪還に向かった。インド洋側に位置するジャワは孤立した。ニューギニアの西部で戦闘はあったが、蘭印全体が孤立状態になったのである。

もともとジャワは南方作戦最大の兵站《へいたん》基地《きち》として位置づけられていた。重要軍事物資や米、砂糖、塩、煙草など、日本はもとより各戦線に供給する重要な役目を果たすのである。しかし時間が経つほどに戦局は暗転し、戦場は惨状をきわめた。戦闘だけでなく自爆、病気、飢餓などが原因で陸続と死者が増えていく。戦場の物資不足には言語に絶するものがあったが、ジャワには食料・衣料・医療品など生活物資が豊富にあった。多くは現地人の労働から得た物資である。が、日本軍の敗北の連続で輸送手段が途絶《とぜつ》していた。兵站基地としての機能が不可能となったジャワでは、その潤沢な物資を一部の人たちが浪費した。「ジャワは極楽」。この島はいつしか兵隊たちの間で極楽島と呼ばれるようになっていたのである。

依頼状に何回も目を通した内山は、母親たちにたいして心を痛めた。勝ち組の日本軍を前に、生活の保障のない女性たちが、今日を生きるための苦労は想像以上のものがあったはずだ。日本人と出会うきっかけや子どもを産む理由は色々あるだろうが、面従腹背《めんじゅうふくはい》、根底には家族を養うための経済的援助の気持ちがあったのではないか。女性たちはみじめな思いをしたに違いない。それにも増して、日本人の子どもを抱えた蘭印系の一〇代の少女や二〇代前半の娘たちが、戦後、どんなに厳しい社会を力強く生き抜いてきたことだろう。その健気さや逞しさに胸を打たれた。

それに比べ男性たちには軍規に反した行為であると鋭い視線を送ったが、今となればこれは過去のこと、父親を批判してもはじまらない。それより日本人の血を引いた子どもが泣いていることを知った以上放っておくことはできない。内山は侵攻した国の兵士のひとりとして関わりの深いものを感じた。それは以前の情緒的な同情心ではなかった。

依頼状から目を離した内山は、サレミンク神父と会った昼間のことをよみがえらせた。調査について数件まとめて机上調査や現場調査を行う方法を申し出たことに安堵し、満足した。それは、若い人たちの交通費の負担を軽減してあげたいという思いやりが優先しての提案だった。とはいえ、内山にまとめて調査を行うなどの実績はない。それどころかヒンの調査の三年間はオシャカ、ジェリーの件も未完成、こんな状態にあってまとめて調査をするなど夢のまた夢。不可能に近いことだったが、内山の胸中に息づく熱いボランティア精神が、自らを不可能への挑戦と追い込んだ。

猛烈な勢いで翌日から依頼状の机上調査をはじめたのである。

〈父親捜し〉のスタイル

のちに内山が余人に代え難い成果をもたらすことになる要因の一つに、〈父親捜し〉の独自のスタイルを早くに作ったことが挙げられる。

序章冒頭に記した〈捜し〉の方法、これが通常の内山スタイルであるが、その行動の一つひとつには意味がある。それはこのスタート時の小さなできごとから学び、発見し、試行錯誤しながら編み出していった実践法に他ならない。

前述したように、オランダの日系二世で最初に手掛けたのはジェリーの〈捜し〉であるが、彼女はＪＩＮの会員となり、依頼状を送って来ていた。内山は顔見知りの人に会うごとに二世たちの実状を話題にした。そんなとき、ある中年男性が、「僕にできることは何かありませんか、お役に立ちたい」と調査の手伝いを申し出てくれた。有難い。内山はジェリーの父親の郷里が金沢にあることを告げて、父親の家族・親族の家の有無を調べてくれるようにと頼み、調査をする連絡先を教えた。

ところが、しばらく経って、その中年男性は、「何度も電話で調べてみたのですが、まだはっきりしません。また先方に電話をしてみます」という返事。電話ですませられたことに、落胆した。

これはプライベートのなかでも最もデリケートな問題を含む調査。電話をかけても、相手が真剣にこちらの話を聞いてくれるはずもない。金沢まで行ってくれないのならかえって調査に支障をきたすことになる。以降、何度か声をかけられた「お手伝いします」には注意を払うようになった。

単独行動の背景にはこうした理由がある。内山が金沢に行ったのは二回。正月明けの一月八日にジェリーの〈父親捜し〉を達成している。

現場は足で歩くもの。昔の新聞記者魂が骨身に染みて今なおそれ以外ないと信じているが、悩みはあった。それは現場に出る前の「連絡」の取り方である。電話がよいのか、手紙がよいのか、また直接家を訪問する方法がよいのか、どの方法がよいのかわからなかった。

あるとき机上調査の段階で父親の郷里の現住所が意外と簡単に判明し、電話番号もわかったことがある。訪問する日時を確認しようとその家に電話をかけた。電話に出た長男は、父親が逝去していることを語り、「都合のよい日が決まれば、こちらからお電話します」といって電話を切った。感じの悪い対応ではなかった。しかし、どれほど待っても電話はない。催促は電話より手紙がよいのではないか。迷いながら都合二通手紙を出した。返事は来なかった。連絡の取り様がなくなり、途方に暮れた。相手にすれば降って湧いたような父親の実子の話である。わざわざ連絡をくれることはないようだ。内山は電話と手紙はダメだと思った。この長男には数年経って会っている。

突然の訪問も同じ思いからだった。手紙では反応がない、電話で話すほど軽いものではない、こんな事情から押しかけの方法しかなかった。ただこれにはリスクがつきまとう。留守の場合は、家人が近所に出かけていることを予想して、家の前で二時間三時間と待つ。多くのケースが遠方であるため、それぐらいの覚悟はしている。家人がその日帰らない場合もある。そのときはふたたび大阪から出直すことになるのである。

初期のころ、内山は「名簿」捜しにやっ気になっていた。名簿とは蘭印戦争体験者が集う戦友会や親睦会などで独自に制作された冊子、いわば住所録である。

この名簿が机上調査の基本、最重用資料となる。

依頼状のなかの父親の〈氏名〉の「不明・曖昧・誤認」は、紙面を見れば、空白になったりクエスチョンマークが付けられたり、変な日本語になっているため、ひと目でわかるが、〈職業〉はそうはいかない。たとえば、前後の断片的に記述されている活字から、明らかに「軍属」の身分だとわかるのに「軍人」とあり、医療関係の仕事についていた「衛生兵」が「軍医」となり、馬の扱いの上手な人が「獣医」となったりしている。誤認の半分は看破しているが、あとの半分は調べてみなければわからないという状態で、常に振りまわされるのがこの〈職業〉である。

机上調査では、依頼状の空白部分である〈父親の氏名〉〈職業〉〈仕事〉を、すべて名簿から割り出していくが、名簿にそのまま〈氏名〉が載っていることはあまりない。そのため名簿に記載されている周辺の人々を尋ね歩いて「あなたは、この方と一緒に働いていませんでしたか」「こんな人を知りませんか」と、訊きながら核心へと迫っていく。その意味では、名簿は「これは違う」と消去法によるる確認の仕方に用いられることが多い。同時にこれが違っているのなら別を捜してみようというように、調査の方向性を導き出すという大きな役割も担っている。名簿から抽出して訪問するのは、通常

二、三人。各地方に住んでいる人を訪ね歩いて確認を得るというこの慎重さが、内山の活動の特徴でもある。

しかし、ひと口に名簿といってもその数は計り知れない。また誰がどんな名簿をもっているのか見当もつかなかった。そこでヒンやジェリーの〈捜し〉を引き受けたとき、旅の土産話としてときどき会ってその様子を語っていた関イ連の初代会長、一〇歳年上の礒崎《いそざき》忠雄に相談した。

戦時中、東部ジャワのケディリーで軍属として繊維関係の仕事をしていた礒崎は、「東部ジャワのことなら私にわかる」といって快く相談にのってくれた。

数日後、礒崎は四〇冊近い名簿を持参してコピーを勧めた。そこには『ケディリー会』『マラン竹友会』をはじめ、終戦直後、東部ジャワにあった引き揚げ前の日本人を収容した、一〇カ所以上のキャンプ（収容所）の貴重な名簿も含まれていたのである。礒崎がたくさんの名簿をもっていたのは、普段から西部ジャワや中部ジャワの親睦会の人々から声をかけられると、気軽にその会員となって会合に参加し、名簿を入手していた。人望があり交友関係が広かった。礒崎のこのオープンな姿勢はきわめて稀《まれ》なことだった。

どういうわけか関イ連の知人は秘密主義を取るかのように相談にのってくれなかった。それどころか邪険にされたこともある。

「ジャワで、オランダの女に産ませた子どものことなんか、放っとけばいい！」

また、協力しない訳をこう述べる男性もいた。

「戦前から蘭印で仕事をしていた人たちのなかには、開戦時に日本へもどったものの、ふたたび蘭印へ行って軍の仕事についた人もいる。そんな男たちが、現地人の〝南妻《なんさい》〟をもつのは当たり前じゃないか。今になってその現地妻《げんちつま》の子が、父親を捜すなどもってのほか、捜される方は迷惑至極だ。悪いが、そんなことに僕は協力できない」

この男性の話のなかにある「開戦時、日本へもどったものの、ふたたび蘭印へ行って」という一例は、第一章で紹介した「コオロギ　ヤスオ」がそうである。蘭印の現地語や地理がわかる人々は一度帰国しても、早いうちに軍属として蘭印へ派遣されるケースが少なくなかった。

〈父親捜し〉は肯定する人もいれば、否定する人もいたのである。

内山の名簿探しは、一つひとつの意見にとらわれることなくつづいた。

そんなある日のことだった。知人が電話で「人権意識の高い活動に協力してくれそうな人物がいる。会ってみてはどうか」と勧めてくれた。その人物は七〇代半ばの男性だという。

さっそく男性が出席するという小パーティの会場に出かけた。会ってみると、予期せぬ言葉が返ってきただけだった。

「あなた、ようそんなことをなさいますな。私もジャワの引き揚げ者ですが、戦後のどさくさからここまで生きてくるのに、そらもう大変でした。お父さんたちも、みな同じでしょう。ようやく人なみに平穏な生活を作り上げているというのに、そんな昔の女との間に生まれた子どもの話をするのは、家庭にトラブルをもち込むようなもの。人の家庭を壊すようなこと、私ら、ようしません」

「そうですか」。腹を立てることもなく、そう返答して、その場を離れた。

ひとりなって内山はこの男性の言葉を反芻《はんすう》しながら考えた。戦後の廃墟から立ち上がってきた日本人の姿を考えてみると、確かに男性のいうことにも一理ある。だが「人の家庭にトラブルをもち込む」という見方は違う。それは明らかに家庭の問題だ。トラブルになるかならないかは、夫自身の物の考え方や生き方、夫妻の関係の在り方、親と子どもの関係の在り方に影響されるだろう。だが、それは他人が踏み込む話ではない。二世が父親の血を引いているのは歴然たる事実。その実子がお父さんに会いたいと希求《ききゅう》するのは当たり前のことではないか。内山の意識のなかで父親の家族を思いやりながらも二世の気持ちを尊重する意識が優《まさ》った。

同時に、この男性をはじめ、周囲の人たちが二世に向ける眼差しには、「差別」こそ感じなかったが、「邪魔者」「余計者」と、邪険に扱う気配があるように思えた。その邪魔者を支援する自分にも同様な見方がなされていることを感じ取った。だが、それは家族の世間体を気にした、自己中心的な考えの現れである。今日会った男性も日ごろから人権意識の高い素振りをしながら生きているのだろう、それゆえ知人が表面の顔を見て会うことを進言してくれたと思うが、現実問題に直面すればだいたいがこういうものだ。これまでの半生でこんな人は嫌というほど見て来た。気にすることはあるまい。内山の年齢と人柄が世間の非情な風をさらりと受け流したのだった。

しかし、そこには依頼状の魔力があったことも見逃せない。この調査に入ると、資料や歩きによる発見の喜びと誤認がもたらす失意の感情が繰り返し押し寄せてくるが、こうしたときには、寝ても覚めても調査のことで頭がいっぱいになり勘《かん》だけが冴《さ》えてくる。冴えた勘と勘がつながっていくうちに、どんなに落胆つづきでも、おのずと頭のなかは前へ前へと突き進んでいく。あともどりの発想は生じない。血みどろになって激しく死闘を展開する構図が成立し、依頼状の魔力にからめとられたように調査三昧の世界へと誘われる。すでに走り出していた内山はこの魔力にとらえられていた。他人に侵されることのない無心の世界を作り上げていたのである。

とはいえ、他人の言葉が胸に飛び込んでくるたび、その思考は鮮明になった。二世たちの〈捜し〉がある以上、いまだ戦後の幕は下ろされていない。自分にできることをしよう。内山は「戦後」の二文字を胸に刻んで新たなる決意をするのだった。

繰り返しになるが、内山は七一歳でヒデコと会い依頼状を手にした。それはあと十日前後で誕生日を迎えるという時期だった。そのため実践活動に飛び込んだのは、厳密には七二歳ということになる。内山に老いの忍びよる隙はなかった。

七二歳で八件の家族到達の成果を出している。

一月＝金沢（交流）。二月＝千葉（拒否）、同月＝静岡（交流）。五月＝奈良（交流）
七月＝熊本（交流）、同月＝熊本（交流）、同月＝京都（交流）。八月＝岡山（訪問と確認のみ）

内山はジェリーの家族到達を終えたあと、サレミンク神父に報告した。神父からヒデコに報告がいくとJINのメンバーはそのスピードの速さに驚き歓声を上げた。

以降、オランダから次々と依頼状が送られてきた。

この一九九六（平成八）年の終わり、内山が抱える依頼状は全七四通の半分以上、四〇通にのぼっている。

第四章　ニッピーの涙

その日、内山は熊本にいた。

この旅では、父親の〈氏名〉を確認するための机上調査と、家族・親族を捜す〈家捜し〉の現場調査を兼ねていた。自家用車を足に、大阪港からフェリーで門司港へと渡り、九州へ入っている。時期は、初めて依頼状を手にした翌一九九六（平成八）年の七月のことである。

〈捜し〉の依頼者・ニッピー・ノヤ

ニッピー・ノヤはウェーブ（波）ドラム演奏家として大学で後進の指導をしながらヨーロッパ一円で活躍している音楽家、日本でも演奏実績をもっている。その音楽はラテンミュージックにジャズをミックスした「ラテンジャズ」、タンバリン、トライアングル、マラカス、シェケレ、ハンペル、ウィロ、ガンサ、カバサの八種類の打楽器が基調となり、叩き方に特徴をつけて演奏する。

日本人の体つき、卵型をした日本人の顔。頭の真中から左右に分けた黒髪を背中まで垂らしていた。

ＪＩＮに依頼状を提出したころのニッピーは、オランダのステージで毎日のように紫煙と人の熱気でむんむんするなか、赤や青のライトを浴びて、激しいリズム音楽を奏でていた。
彼の依頼状はA四判用紙一枚。内容には繰り返しが多く、意味不明の言葉や誤認の箇所もあるが、内山が〈捜し〉の活動に入るときの原文、つまりこれが基本情報となっているため、あえて注釈をつけずに全文を紹介する。(原文は横書き。文章は原文ママ。数字は筆者が漢数字に統一)

〈姓=ノヤ(男) 名=ニッピー 生年月日=昭和二十一(一九四六)年二月二十七日 出生地=マカサール(インドネシア) 母=マネンケイ・ジョセフィネ 父=ナガタ フサオ(もしくはナカタ)〉

〈「父親に関する事項」=父親は、大正四(一九一五)三月二十七日長崎に生まれた。戦争中は、インドネシアのセレベスで運転手をしていた。マカサールでノヤ氏の母親は、ナガタ氏と出会った。終戦後、しばらく父親はインドネアに留まった。父親はノヤ氏の赤ん坊のときを見たし、実際に抱っこしてくれたらしい。看護婦として働いていた母親は、ナガタ氏と二年間の交際期間があった。ノヤ氏は、母親が子育てができないことから、インドネシア出身の母親の友人、ノヤ婦人の養子になった。ノヤ氏は父親の写真をもっています。

〈ニッピーさんは昭和二十一(一九四六)二月二十七日マカサールで生まれました。ニッピーさんはノヤ家族に養子にされ、昭和二十五(一九五〇)ニッピーさんは里親とともにインドネシアからオランダに渡った。昭和四十三(一九六八)ニッピーさんはルヘナッペッシ・シャネさんと結婚して、四人の子どもに恵まれた。

母親マネンケイ・ジョセフィネさんは、インドネシアで結婚して、昭和三十九年（一九六四）ご主人といっしょにオランダに来た。現在、母親は七〇歳ぐらいで、元気にオランダに暮らしています。現在、ニッピーさんは音楽家としてオランダをはじめ、ヨーロッパのいろいろの国でよく知られています。現住所（略）〉（＊最後に翻訳者サレミンク神父のサインがある）

文面には母親が七〇歳で元気とあるが、母親からの聞き取り調査の跡は見られず、じつに雑な紙面になっている。これは他の依頼状も同様で、さしたる違いはない。ここからニッピーの素顔や人となりを知ることができないため、依頼状を提出するまでの彼の足跡を追ってみることにする。なお、父親の氏名は「ナガタ（もしくはナカタ）」となっているが、彼が取材に応じてくれたとき、すでに日本の家族との交流があったため、ここでは氏名のみ正しい「ナカタ」を用いる。

海軍の仕事をしていたナカタと、病院の看護婦をしていたジョセフィネは、患者、看護婦の間柄から恋愛関係になり、二年の交際を経て、ニッピーが生まれた。

父ナカタは三一歳、母ジョセフィネが二一歳のときである。

敗戦後の独立戦争のさなか、ジョセフィネはニッピーを抱いてナカタを捜し歩いた。

オランダ軍の捕虜となってマカッサルの捕虜収容所に抑留されていたナカタは、道路工事の労働を課せられていた。ある日、ジョセフィネは熱帯の日差しのなかで、はいつくばるようにして工事をしているナカタを捜し当てた。監視員が見張っている労働現場で、ナカタに声をかけることは難しかったが、何とかして子どもが生まれたことを知らせたい。ジョセフィネは思いきった行動に出た。監視員の目を盗んで、ナカタの足元目がけて石を転がしたのである。石に気づいたナカタは顔を上げ、あたりをきょろきょろと見渡した。ジョセフィネは八カ月のニッピーをしっかりと胸に抱いて熱い視線を送った。依頼状に「わが子の誕生を知った父は喜んで泣いたそうです」「実際に抱っこしてくれたらしい」とあるため、このときナカタはニッピーを抱いたのだろう。これが親子三人の最初の出会い、同時に永遠の別れとなったのだった。

戦後、ジョセフィネはニッピーを連れて東部ジャワのスラバヤで生活をはじめている。

ニッピーが五歳のとき、母ジョセフィネは、家に滞在させていた同い年のノヤ夫妻（夫は蘭印係オランダ人）に、幼いわが子を預け、働くためにマカッサルの病院へともどった。マカッサルへ行く前、彼女はニッピーに軍服姿のナカタの写真を見せ、真実告知《しんじつこくち》をしている。

「お前のお父さんは日本軍人、優しくて実に立派な人なんだよ。お前の名前は妊娠中、お父さんが『小さな日本』という意味でつけくれた。私はお前のお父さんを心から愛し、お前のお父さんも私を心から愛してくれた。お父さんの顔をよく憶えておくんだよ」

ジョセフィネが去って間もなくのことだった。ノヤ夫妻は無断でニッピーを養子にし、オランダへ移住した。ニッピーによれば、「子どものいる方が移住には都合がよかった」という。

オランダへ移住した当時は住居を転々と変わったが、落ち着いたところはアムステルダムの東方、ドイツの国境に近いナチスの収容所があったウェステルボルク。ここは蘭印から引き揚げて来た旧軍人や民間人が群居していた。夫妻は同地で三人の子どもをもうけている。

ニッピーは周囲の子どもたちにいじめられるようになった。

「細い目！」「日本人のバカ！」。他にも日本人にたいする蔑称の言葉を絶えずぶつけられた。幼いながらも、自分がこの社会で受け入れてもらえないことを感じた。

子ども時代、家庭のなかでは、ノヤ夫妻から毎日のように体罰、今でいう虐待を受けた。アイロンの固いコードで叩かれた。顔にインドネシアの薬味である辛いサンバルを塗られる。椅子に座って食事をしていると、突然殴り倒されて失神し、気がついたときには病院にいたということもあった。その傷は現在でも残っているという。虐待は肉体だけではなく心にも及んだ。

わが子を心配し捜していた母ジョセフィネは、ようやく住居を突き止め、ニッピー宛に何通もの手紙を送っていた。それが本人に渡されることはなかったが、ニッピーは返事だけ書かされていた。文面はノヤの口から突いて出る言葉を書き写したものだった。「お母さんは嫌い」「お母さんは僕を可愛がってくれない」「僕をひとりぼっちにさせた」。批判と中傷と憎悪に満ちた言葉をならべたニッピーの心は痛んだ。

一〇歳。ノヤ夫妻は離婚、妻は家を出た。養母も養父と一緒に虐待をしていたが、養母がいなくなると、置き去りにされたような孤独感を味わった。寂しかった。

男ばかり五人の家族になった。養父のノヤは、食事の用意から洗濯、掃除、三人の子どもの世話までニッピーに強制し、一層酷使するようになった。ニッピーは耐えた。温かい家庭を知らないため、これがごく普通のことだろうと思い、もっとよい子になればノヤは優しくしてくれるかもしれないと考えて、あらゆることに真剣に取り組みはじめた。成績を上げた。最終的には大学に進学できるコースを修了している。しかし、ノヤの酷使と暴力はやむことはなかった。

あと少しで高校を卒業するという時期、一八歳のときだった。

帰宅すると子どものころ別れた実母ジョセフィネが台所に立っていた。ノヤ夫妻から悪口ばかり吹き込まれていたせいで、ニッピーの頭は真っ白になり、そのまま家を飛び出した。

気がついたときには港湾都市の大きな街ロッテルダムにいた。

この街で貧困者の吹き溜まりのような場所に行き、放浪生活をはじめたのだった。ニッピーはその暮らし方を「ホームレス生活でした」という。ここで一年すごしている。売春婦の家に泊まり、アル中の男たちや浮浪者たちと出会った。飲酒の習慣がなかったニッピーは暴力を憎んでいたため乱暴なことはしなかった。親切なうえに言葉も丁寧だったこともあって、誰とでも仲良くなった。駐車場のトラックの荷台で寝泊まりし、朝になると食べ物を漁《あさ》った。しかし、心は自由、楽しくてたまらなかった。ノヤ夫妻を記憶から消したい、おぞましい過去と決別したい。新しい自分を作り上げることで必死だった。

そんなとき、二〇歳前後の同年齢の若者一〇人ほどが集まるギャング仲間に誘われて、金持ちの家へ強盗に入った。全員が逮捕された。仲間の盗みを見ていただけのニッピーは、警察の取り調べに「お前はギャングの仲間か」「ハイ」、「強盗をしたのか」「ハイ」「お前だけでしたのか」「ハイ」と答えた。仲間は全員釈放されたが、ニッピーだけは、半年間刑務所に入ることになった。仲間が誘ってくれたことが嬉しかった。自分には心配してくれる人などいない。だからこれでよい、と納得し、誰も恨まなかった。

刑務所の独房のなかで二一歳の誕生日を迎えた。

心は穏やか。たくさんの本を読み、瞑想をした。実父の写真の顔が浮かんできた。五歳のときに聞いた母ジョセフィネの言葉がよみがえってくる。ハッと気がついた。僕は、父と母が愛し合って生まれてきた子なんだ、僕という人間の根源には愛があるんだ、と。両親の愛情を確認できた。それがきっかけとなって、人生を変えよう、努力して誰にも遠慮をすることがないように、堂々と生きて行こうと、気持ちが前向きになった。そう覚悟を決めたときだった。体の奥から振動ともつかない繊細なリズムが突き上げてきた。子どものころから音楽は好きだったが、体から湧き出てくるようなこのリズムは初めてのこと。翌日もその翌日も振動のようなリズムは湧いてきた。このリズムが突き上げてくると、決まって温かいものにつつまれ、誰かに見守られているような気配を感じた。不思議な体験としかいいようがなかった。ここを出たらボンゴを買おう。ニッピーは生まれて初めて新しい人生の一歩を踏み出す喜びを感じたのだった。

出所は一九六七（昭和四十二）年の春。真っ先に二つのドラムのついたボンゴを買い、アムステルダムの有名なダンススクールの前に立った。ここでボンゴを叩けばダンサーのレッスンのための仕事が得られるかもしれない。独学で練習した。

ニッピーはダンススクールに雇われ、音楽家としてスタートしたのである。

そのうち学生クラブからの依頼もあり、ボンゴを叩く日々が訪れた。二二歳、バンドの一員となりコンサートや即興のジャズ演奏会で演奏するようになった。このころ結婚しているが、音楽で食べてゆくには自信がなく、人材派遣会社に登録して様々な仕事をしている。

オランダで、ニッピーのパーカッションに人気が出はじめた。「あと五年。二八歳から三〇歳までにはリズムの専門家といわれたい、ポップ・ミュージシャンとして人気を不動のものにする」。心に誓い、努力をした。様々なコンサートを聴き歩き、著名な演奏家たちと面識をもった。みるみるうちに目標は達成された。七〇年代に入るとオランダ、ハンガリー、ドイツ、ポーランド、ロシアなどで開催された演奏会で、ニッピーの演奏は観客の心をつかみ、大きな反響を呼んだ。「ドラムの親善大使」。七〇年代の後半に得た尊称だった。さらに八〇年代に入ると、世界的に有名なバンド、ローリング・ストーンズとならぶエリック・バートンとともにヨーロッパ各地をまわった。一九八三（昭和五十八）年には「エリック・バートンとアニマルズ」とともに日本公演に招かれ、東京・横浜・名古屋・大阪で演奏会を開いている。

四〇歳を迎えとき、オランダの文部省から奨学金が支給されて、音楽の勉強のために、ラテン音楽の本場であるキューバへ行くことになった。キューバで高く評価された。最高級レベルのパーカッショニストとして認められるハバナ打楽器協会のメンバーに認定されたのだった。

ニッピーは有名になった。新聞紙上にも取り上げられる機会が増えた。

この日は、新聞社の女性記者から取材されることになっていた。

インタビューを終えると、女性記者はいった。

「戦争中に生まれた子どもたちを補償してくれる制度があることをご存じですか。あなたにはその資格があるようです。申請なさったらいかが？　相当額の補償金をもらえますよ」

オランダでは一九八四（昭和五十九）年、戦争中の民間人を対象とした民間人戦争犠牲者給付法が制定された。日系二世のなかには、この制度で補償金を受け取った人もいるが、戦争被害者としての証明書を作成できなかったため制度の対象から外された二世は少なくない。彼女はこの制度の利用を勧めたのである。

ニッピーは尋ねた。

「補償金はどこから出るのですか」

「オランダ政府です」

その返答に気分を損《そこ》ねたニッピーは、前もって女性記者に渡しておいた自分に関する資料を「返して下さい」といって取上げた。それから、父親の生存を信じ切っていた彼はこういったのである。

「その給付金は僕には不要、いりません。僕は日本軍人の子なんです。父は思いやりのある立派な軍人だったと母から聞いています。戦争中、オランダと日本は敵国同士でした。その敵国から補償してもらうなんて、日本の父が知ったら、どんなに悲しむことか。確かに僕はオランダで生きている。だからこの国には感謝していますが、オランダ政府の世話にはなりたくないのです。幸い、今は食べるに困らないし、健康な体もある。僕は仕事をして自力で生きていきます」

父親への熱い思慕。人にはいえなかったが、いつのころからかもちはじめた日系二世としての強烈なプライドが、四〇代半ばのニッピーの支えとなっていた。

女性記者は理解を示した。

「わかりました。ではあなたが誰かと心から話したいとき、誰かに慰めてもらいたいとき、ここに行かれることをお勧めします。行かれる場合、お父さんの情報をもって行って下さい。きっとあなたに幸運が舞い込んでくるでしょう」

女性記者はメモ用紙を差し出した。そこにはJINの電話番号と住所が書かれていた。

これを機にニッピーはJINの会員となり依頼状を提出している。

父親のことは早くから捜していた。演奏中でも観客のなかに日本人を見つけると、休憩時間に「あなたはナガタ（当時）フサオを知りませんか、捜して欲しい」と、気軽に声をかけた。〈捜し〉に協力した日本人客は数人いる。父親への思慕がつのるたび、オランダから、オランダ語で日本の知らない家へ電話をし、相手にガチャンと電話を切られたこともあった。このころ二度来日しているが、仕事を終えると、どういうわけか広島を中心に捜し歩いている。父親に会う手掛かりはなかったが、何かせずにはおれなかった。ニッピーの心は父親を求めて彷徨していたのである。

机上調査と現場調査

ニッピーの依頼状は、内山が最初にサレミンク神父から渡された二八通のなかに入っている。先の依頼状の書面と一緒に、三枚の写真が同封されていた。本人・母親・父親の写真である。

依頼状を整理してみると、〈父親の氏名〉＝「ナガタかナカタ」。〈出身地〉＝「長崎」。〈仕事〉＝「運転手」。〈出会い〉＝「セレベス島のマカッサル」となる。

内山の机上調査は、依頼状を渡された翌月の十二月にスタートした。

年を越した二月、サレミンク神父から追加情報が入った。

「横浜にいる小林さんという方が、ナカタさんを知っているようです。彼の話を聞いて下さい」調査の重要なキーポイントとなる連絡だった。

小林に照会の手紙を送った。返事は来なかった。二月十一日、横浜・鶴見の小林宅を訪問している。翌日も訪問したが、二日とも留守だった。以降、大阪から何回か手紙を書き送り電話も入れたが、やはり反応はない。ところが四月になって内山の自宅に電話が入った。

「長い間ハワイへ行っていました」

小林は不在理由を述べ「ナカタ　フサオは宮崎県東臼杵郡《ひがしうすき》に住んでいます」と、その住所と電話番号を教えてくれた。

宮崎県の「ナカタ　フサオ」に電話を入れると、折よく本人が受話器を取った。

「以前にもそんな電話がありましたが、終戦当時、私は小学生、軍隊には行っておりません」

同姓同名の人違いだった。

机上調査は振り出しにもどった。

五月、内山は西区北堀江の大阪市立中央図書館へ行った。二階のフロアで書棚を見ていると、『BC級戦犯和蘭《おらんだ》裁判資料』（茶園義男編著）が目に入り、手を伸ばした。初めて見る本だった。

ここにはセレベス島のマカッサルにおいてBC級戦犯裁判で起訴された九二人の裁判結果が載っている。死刑三二人、無期七人、有期四二人、無罪九人、その他二人。ページをめくって読み進めていくと、氏名の二カ所を隠し、隠した所に丸い印を押した「マカッサル臨時軍法会議裁判一覧表」があった。マカッサルはナガタかナカタが派遣されていた場所である。興味が湧いた。内山は慎重に活字を追った。すると、一九人の氏名の記載がある見開きページの右なかほどに、〈マカッサルにおける俘虜使用中の虐待行為〉として五人の氏名がならんでいた。そのなかにある〈中○房○〉が目に飛込んできた。読み進めると〈階級＝上機曹（＊上等兵曹） 本籍＝熊本 氏名＝中○房○ 求刑＝十年（略）〉とある。これだとピンときた。が、〈出身地〉は「熊本」以外わからない。同じ見開きページには、同じ罪で〈本籍＝熊本〉とする人物が二人いた。もしかしてこの二人は、ナカタと一緒に蘭印から巣鴨プリズンに移されて刑期を終えた仲間ではないのか。急いで〈中○房○〉とその二人の氏名をメモした。その足で三階の電話帳のある場所へと移動。〈中○房○〉。「ナガタ」と「ナカタ」の二通りの読み方で、熊本県の電話帳のすべてをチェックしてみたが、該当者はいなかった。次に他の二人のなかの〈寺○金○〉を調べてみた。〈寺本金年（仮名）〉という氏名があった。この電話番号と住所をひかえたのだった。

自宅にもどり、寺本に電話を入れると、本人が出た。

寺本は〈中○房○〉を知っているという。「ナガタもしくはナカタ フサオ」の正しい〈氏名〉は「中田房雄」と判明した。だが、寺本は現在の中田の住所を知らなかった。

この時点で判明したことは、中田の〈出身地〉は「長崎」ではなく「熊本」。〈仕事〉も「運転手」ではなくマカッサルにあった海軍第二三根拠地隊管理の「捕虜収容所勤務」であった。

熊本県八代郡。八代海の近くに住む寺本を内山が訪問したのは、同年七月二十日。

寺本は内山の顔を見るなり、「確かこの近所に中田さんの田舎から嫁いできた人がいた。そこで訊けば何かわかるでしょう」といって、その家を案内してくれた。

偶然にも、そこは中田房雄の姉が嫁いだ家で、その息子に会うことができた。

「房雄叔父さんと私の母は、亡くなっています」

息子は小さな青果店を営んでいる中田の実家を教えてくれた。その住所は上益城郡御船町《かみましきぐんみふね》だった。

寺本の家から近い駅はJR鹿児島本線の「千丁町駅」。ここから約六〇キロのところに上益城郡御船町はあった。内山はハンドルを握った。これで机上調査は完結。次は現場調査のはじまりである。

熊本市内から東南約一七キロに位置する御船町。青果店を開いているという中田の生家は人家の少ない山の奥、山間部を縫ってつづいている国道に面していた。

店で声を掛けると、ひとりの女性が顔を出した。中田房雄には子どもが三人いるが、生家は三男が継いでいる。女性はその妻で、三男は不在だった。

内山は簡単にニッピーの話をし、軍服姿の中田の写真を見せた。

妻は、他人が舅の写真をもっていることに不快な表情を露わにした。

「長男がここから一八キロの熊本市内に住んでいます。私は舅《ちち》が亡くなってから嫁いでおりますので、舅のことは長男に訊いていただかないとわかりません」

長男の名前を「中田寛治《ひろはる》」と教えられた。

御船町から熊本市内へと入り、宿泊所を水前寺公園近くの共済会館に決めた。

内山が、宿から長男寛治に電話を入れたのは、午後六時をまわっていた。

突然舞い込んできた父の子

日曜日。受話器は、個人タクシーの運転手をしている寛治が握った。

「中田房雄さんのご長男の寛治さんですか、お父さんのことでちょっとお話をさせて下さい」

「おたく、大阪の方？　大阪弁ですね」

いきなりの電話に寛治はギクッとした。父ちゃんが何をしたのだろう？　俺の知るかぎり父ちゃんは大阪へは行ったことがない。もし大阪で悪いことでもしていたら、お袋が俺にいったはずだ。何だろう。物事を悪い方へと勘繰《かんぐ》った寛治は嫌な気分になり、無意識に身構えた。

このとき寛治五五歳、妻のハナ五三歳。二人の実子は独立していた。長男には子どもが三人、二番目の子である長女の子どもは二人。一戸建ての家で夫妻は平穏に暮らしていたのである。

寛治は約束通り、八時に内山の部屋を訪ねた。

テーブルの上にニッピーの近影写真、軍服姿の房雄の写真、若いジョセフィネの写真がならべられている。最初に寛治は父親の写真に目を止めた。

「あらっ、おたく、どこからうちの親父《おやじ》の写真をもってきたんです？」

「じつは、オランダにあなたの異母兄弟、血のつながった弟さんがおられます」

「ええ？　どういうことですか」

いつものように内山は、日本・インドネシア・オランダの関係、ニッピー親子のオランダ移住、ニッピーの要望、自分の役割などを順番に語った。

寛治は、頭の真中から分けた髪をぞろりと肩まで垂らして微笑んでいるニッピーの近影写真に目を奪われた。

「何者なんです?」

「音楽家です」

寛治は話を聞けば聞くほど頭が混乱してくる。

「それで、私に、どうせえというんですか!」

「いいえ、どうしろというのではありません。ニッピーさんは、近くお母さんと一緒に日本へ来られるそうです。そのときにお墓参りをさせていただきたいといっています」

「しかし、いくら私が長男とはいえ、こんなだいじなことを、私の独断で決めるわけにはいかない……。兄弟や娘や息子にも意見を訊いてみないことには。八月にみんなが広島の私のすぐ下の弟の家に集まることになっています。返事はそのあとにしてくれませんか」

内山は了解した。

寛治は家にもどった。玄関のドアを開けるなり、妻のハナに声をかけた。

「オイオイ、えらいことになったぞ。親父が戦地で子どもを作っていたよ。今、オランダにその子がいるんだそうだ」

玄関近くの応接間から顔をのぞかせたハナは、目を丸くした。

内山から聞いたことを寛治はハナにつつみ隠さず話した。しばらく二人とも黙り込んだ。

ハナが思い出したようにいった。

「そういえばお舅《とう》さん、うちの子が小さいとき、風車やチューリップの絵が載っているオランダの絵本を買ってきてくれたことがあるわね。お舅さんとおしゃれな絵本がぴったり来なかったせいか、私はよく憶えている。子どもたちに『ここはお花畑だよ。広いねえ、きれいなところだねえ』とお舅さん、読んで聞かせていたわ」

それは寛治の記憶にもあった。

「俺たち三人の兄弟は、親父に可愛がられたことがないけれど、孫はあちこち連れて歩いたり、色々と面倒をみて可愛がってくれたな。オランダの絵本のことも確かにそうだ。『広いねえ』といって読み聞かせていたな」

父房雄が孫に買った絵本。それは現地妻とわが子のいるオランダを意識してのことかどうかは誰にもわからない。が、寛治夫妻にとって房雄とオランダがむすびつくのは絵本しかなかった。

衝撃的な話に動転した寛治は、気持ちを整理するかのように胸中を吐露しはじめた。

「戦争中、俺が三歳か四歳のころだったが、畑仕事をしている母ちゃんのそばで遊びながら手伝っていたら、B29が上空に姿を現した。咄嗟《とっさ》に母ちゃんは、俺を土の上に倒して覆《おお》いかぶさり隠してくれたんだ。食料不足だし、当時は、長男が継いでいた母ちゃんの実家で世話になっていたから、今思えば俺を育てることで精いっぱい、気兼ねしながら生きていたんだろう。現金収入を得るため、母ちゃんは町の魚屋から仕入れたイリコを油紙のような茶色の袋に分けて、俺の手を引いて行商しよった。だから俺のおやつはいつもイリコよ。母ちゃんがちょっとよそ見している間に、俺がポイと口に入れていたんだ。うまかった。食うや食わずで働いていたあのころの母ちゃんの姿が目に焼きついて離れない。そんなころ、親父はマカッサルでオンナに手を出して子どもまで作っていたとは……いったいこれはどういうことだ。俺にどう考えろっていうんだ」

戦争中、苦労しながらも元気に振舞っていた母親の姿と、戦地での父親の行状が一致せず、寛治は父親の行為をすんなりと受け入れることができなかった。

開戦前、房雄と妻のサツは長崎・佐世保で暮らしている。サツは房雄が日本を離れたあと、妊娠に気づいた。寛治は開戦年の一九四一（昭和十六）年十一月九日生まれである。誕生時から父房雄が戦犯刑期を終えて帰って来るまでの約十年、母親の愛情をいっ心に受けてきたとはいえ、父親の顔も声も知らなかった。次男と三男は房雄の復員後に生まれている。寛治には、大人になってから房雄と反目し合った期間があった。そのころのことを思い出すたび悲しみの淵に沈むのだった。

「親父は戦争中の話をしようらんかったな。ビルマでは、飢餓で死んだ人が多かったという話は聞いたことがある。そういえば親父は死刑裁判を三回受けたという話もしよったな。ただそれがどこで起こったこととか、マカッサルに行ったなんて、いわんかったもんな」

すでに父房雄と母サツは鬼籍に入っていた。サツの死は、寛治がこの話を聞いた一年前になる。

寛治は心のなかに蓋《ふた》をしておいた遠い日の父親の姿をゆっくりと紐解《ひもと》いてみたが、復員後の房雄の姿にマカッサルの現地妻を重ねることは難しかった。

「これは想像になるが、親父《おやじ》は巣鴨プリズンでオランダのことはオランダのことだと心の整理をつけたんじゃないか。復員後の生活は厳しくて辛かったと思うが、それを打ち消したい気持ちもあって夢中で働いていたのかもしれない。ただわからんのは、何で親父は、俺にだけでもいいきらんじゃったとか、やっぱり田舎じゃあこれは内緒事《ないしょごと》じゃけんね、だからいえなかったのかもしれんな。だが、俺は大人になっていた。一言いってくれてもよかった。いくら仲が悪くったたって、俺だって、親父と一緒に考えたとよ」

妻のハナは舅の房雄と一緒に暮らしたことがない。嫁の立場では 姑《しゅうとめ》 のサツが浮かんでくる。

「私の知っている晩年のお姑《かあ》さんは幸せそうでしたよ。結婚式では、習っていた日本舞踊をよく披露していた。地域の誰にたいしても嫌な顔をしない。情が細やかで、よいお母さんだったわ」

寛治はハナの話をぼんやりと聞いていた。

ある日突然、突きつけられた見知らぬ「父の実子」、すなわち異母兄弟の存在。父親から一言でも聞いていたのならともかく、まったく何も知らない、想像もしたことのない、この事実に直面したときから、長男寛治の苦悩の日々がはじまった。

巣鴨プリズンに父房雄が拘禁されていたころ、小学二、三年生の寛治は、軍服姿の父親の写真を前にして何通もの手紙を出した。房雄から折りかえし届くその文面冒頭には、必ず「寛治ちゃん」とあり、「寛治ちゃんはお勉強も一番、走るのも一番だそうですね。父ちゃんは嬉しく思いました。母ちゃんのお手伝いをして、元気に頑張って下さい」と、優しい言葉が綴られていた。幼い胸に「父ちゃん」といえば「寛治ちゃん」と温かい言葉で応えてくれる父親の姿が宿った。

小学四年生。家の近くで友だちと自転車で遊んでいたとき、色の黒い、毛布を抱えた男に「青果店はどこか」と尋ねられた。「そこばい」。指をさして教えた。そのまま遊んでいると母親が、「寛治、早よう帰っておいで」と呼びに来た。家に帰ると先の色の黒い男がいた。それは手紙で「寛治ちゃん」と優しく呼びかけてくれた「父ちゃん」とは別人のように思えた。

復員後の房雄は、妻サツの父親が工面してくれた資金で店を構え商売をはじめた。自転車の後輪を大きくした運搬車を購入し、毎朝二時、三時に起きて暗闇のなかを市内の朝市へと急いだ。栗、ミカン、魚など色々な物を買っては行商に出る。バナナの叩き売りのテキ屋もした。母サツも実家の農業を手伝いながら孟宗竹で箒《ほうき》を作った。それを房雄が売った。房雄は商売が上手だった。次第に商売は安定し農山村で買い上げた作物を市内の卸業者に売るようになった。

一六歳。長男が家業を継ぐのは当たり前の時代、寛治は三輪トラックを購入してもらい仕事を手伝いはじめた。それから一八歳までの二年間、房雄から商売の仕方をみっちり仕込まれた。

それは竹の子が採れるシーズンのことだった。福岡の缶詰め工場などと契約していたが、竹の子が豊作で仕入れ値の半分以下の値段でしか引き取ってもらえなくなった。二トントラックに竹籠《たけかご》四〇杯、これを卸すと大損する。前日から働き通しで睡眠不足の寛治が「親父、損してもよかたい、もう帰ろう」と根を上げると、房雄は「そんくらいで、商売人が泣きごといってどぎゃんするか。元取《がんと》り商売をしきらんといかん。仕入れ値だけは取り返せ」と叱責した。竹の子は三井・三池炭鉱の社宅で一本売りをして完売した。親父はすごい。商売人根性は尊敬すると、寛治は頭を下げた。

一八歳でひとり立ち。五年のキャリアを積んで助手を雇っていたころ、梅を二籠買って大きな利益を出した。よし今日は親父の鼻を明かしてやろうと、嬉々として帰り、ぽんと現金を出した。金を数えていた房雄はぽつりといった。「商売人がこれくらいのことで甘ったれるな」。どぎゃんしたら親父に褒めてもらえるじゃろか、寛治は一層商売に熱を入れた。

房雄は無口で頑固、酒を好み、一度に二升酒を飲むほどの酒豪だった。酒が入ると暴れ出したのは生活が安定したころからである。最初、寛治には何かしらの寂しさを酒でまぎらわせているように見えたが、房雄の暴れ方は徐々にエスカレートし、妻のサツに暴力を振るうようになった。寛治は母親をかばって暴力をくい止めたが、暴力は寛治にまで及んだ。毎夜この繰り返し。家のなかに陰湿な空気が漂った。許せない。親父は俺を育ててないけな。その頬を涙で濡らし、寛治は抗議とも諦めともつかない複雑な気持ちを抱いて自分を納得させた。

房雄にたいする愛憎の念は膨らんだ。

「商売人として親父は俺の鏡だけど、父親としては最低だ。うちのどこに笑い声があるか。俺は小さいときから、にこにこしている両親のいる友だちの家が羨《うらや》ましくて仕方なかった。うちは暗か。金のあるなしは関係なか、もうちょっと自分の家庭を穏《おだ》やかにできんとか」

思いの丈をぶつけて寛治は家を出た。二五歳。この年に結婚し、熊本のタクシー会社に入社した。そこで十一年間働き、三六歳のときに個人タクシーの資格を取得している。熊本で一番早い個人タクシーの経営者となったのだった。

三一歳の寛治が家を建てた年に房雄は倒れるが、確執はそれまで六年ほどつづいている。

房雄の入院は十カ月間、その後、入退院を繰り返した。入院するたび、いち早く駆けつけるのは寛治夫妻である。「明日、六時半ごろ、病院へ行くけ」。付き添いの母親に連絡しておくと、房雄はその時間、窓際に立ってじっと寛治を待つようになっていた。その視線を寛治は感じていた。看護疲れの母親の身を案じた寛治は、何度か付き添いを交代し、手厚く房雄の世話をしている。妻のハナも看護を怠らなかった。

一九七七（昭和五十二）年、房雄は他界。享年六二。死因はアルコール肝硬変。

一九九五（平成七）年、サツは他界。享年七八。高血圧からくる脳溢血。

内山と会って一カ月がすぎたころ、寛治は広島の次男の家で、兄弟夫妻やわが子の夫妻と顔を合わせた。当然ニッピーの件をもち出した。このことは内山と会った数日後、全員に電話で話していたが、やはりみんなの顔を見ながら説明するにかぎる。

話し終えたあとの反応は、次男と三男が「兄貴に任す。あんちゃんが会ってみるといい」と、一任。息子と娘は「会《お》うたって、いいじゃないかね」と、前向きな意見を述べた。

みんなの意見に歯ぎしりした。

「お前たちは興味本位でいっとるじゃろうが、俺は母ちゃんにすまんとたいね。だが、みんなが会いたいというのなら、俺は妥協する。はっきりいっておくが、俺は母ちゃんが生きとったらこの話は受けなかった。もう天国へ行ったから母ちゃんはこらえてくれるかもしれん、そう思うとる」

内山から話を聞いた翌日、寛治は墓へ行き、亡き両親にたいして心のなかで語った。母サツには、「父ちゃんのことを許してやってくれ」と詫び、父房雄には、「親子なのに水臭い、なぜ一言いってくれなかったのか」と悔しい気持ちをぶつけた。弟や子どもたちはそんな心の内側を知る由もない。

兄弟のひとりが尋ねた。

「あんちゃん、墓参りだけでいいの？」

それが血族のもつ特有の問題、財産についての質問であることは暗黙の了解だった。

「内山さんは、俺が訊く前に、ニッピーの目的は墓参りで他に何もないといった。ニッピーの仕事や生活を教えてくれたから、俺は内山さんを信じる。金のことより、親父《おやじ》が亡くなっていれば、墓参りをしたいのは当たり前ではないか。俺は、金のことは考えとらん」

弟たちやその妻たちには釈然としない気持ちが残ったが、誰も口にしなかった。

家にもどった寛治の気持ちは、それから数日たっても揺れ動いていた。もはや以前ほどの頑《かたく》なさはなかったが、気持ちを決定づけるものに欠けていた。

そんなとき、妻のハナがいった。

「ここでシャットアウトしていずれ後悔するよりも、会った方がいいんじゃないの？」

心は決まった。

「そうだな。会わずに後悔するよりも、会った方がいいな」

この決心の裏には寛治の心の変化があった。ニッピーの立場で考えはじめていたのである。俺があの人だったら、父親の墓参に行きたいだろうな、父親の子どもやその家族に会いたいだろう、それならやっぱり俺が会わせせんと仕様がないだろうな、と。

これはのちに杞憂となるが、広島にいるとき「ニッピーが生活に困っていたら三人の兄弟でわずかでもお金を出し合って都合をつけてあげよう」と次男が提案していた。快諾したハナは心のなかでその金額を決めていた。口にこそ出さなかったが、もし日本での暮らしを希望したときには、うちで世話をしようと、ハナは覚悟をしていた。ハナのこの大らかで賢明な判断は、元来この兄弟の考え方を反映するものだった。

ついに寛治は内山に墓参の許可を伝えた。家族の意見を一つひとつ正直に伝えている。

異母兄弟

オランダのニッピーには、内山が寛治と会った直後、七月二十日すぎに第一報が届いた。寛治の言葉は正確に伝えられている。

第一報を受けたニッピーは、日本に兄や弟がいることに驚愕した。が、捜し求めていた父親のことが明らかになり、内山に感謝した。これから新しい人生がはじまる。ニッピーは長い髪をばっさりと切り落とした。人生の記念日の象徴として丸坊主にしている。現在もニッピーのヘアスタイルは丸坊主だが、そこにはこんな意味が隠されていたのである。

第二報の墓参許可で、ニッピーは喜び、幸運を抱きしめた。両親の愛も、兄弟愛も知らない自分にいきなり三人の兄弟ができた。その上に墓前とはいえ父に会える。それは五〇歳になったニッピーの人生の大変革だった。だが、弟の存在は養父ノヤの三人の子どもを世話していたこともあり多少理解できるが、兄とはどんなものかまったくわからない。兄の寛治が自分の存在を快く思っていないと聞いたが、ニッピーはその気持ちを素直に受け入れた。一方で、不安をもちながらも兄さんに会いたいと思いはじめ、父房雄への思慕に似た気持ちを抱くようになった。

ニッピーと母ジョセフィネの関係は、依頼状の雑駁《ざっぱく》さから見て、おそらくこれを提出した時期には親しい交流をもっていなかったように思える。

セレベスには、病院が、軍人・軍属専用の「マカッサル海軍病院」と、日本軍の経営による蘭印の現地住民を診る「マカッサル民生部病院」の二つあった。ジョセフィネはどちらの病院の看護婦だったのか。オランダへの第一報の直後、内山はこれをサレミンク神父経由でニッピーに問い合わせた。ニッピーから「海軍病院」との返事が届いた。このことからニッピーが母ジョセフィネに頻繁に会うようになったのは第一報のあとからだとわかる。

内山調査の結果を聞いたジョセフィネの喜びと驚きはどんなものだったのか。一九歳で出会い、人生を賭けて愛した房雄にすでに家庭があり、子どもまでいたことを知るのは、戦後四十六年を迎えたこのときである。寛治と同量の苦悩をジョセフィネも抱えたことだろう。ジョセフィネは一度結婚しているが、このころは離婚してひとりだった。

ニッピーの返事を受け取った内山はただちに「マカッサル海軍病院」戦友会の名簿を入手した。加えて来たる九月九日、佐賀県の武雄温泉で戦友会が開かれることを知った。この会に母ジョセフィネを呼んで昔の仲間と会わせてあげたいと考えた内山は、そのことをニッピーに伝えた。「母がぜひ戦友会に参加したいといっている」という返事が届いた。

こうした経緯があって二人はこの時期の来日を決めている。

日本には九月六日から十六日まで滞在。六日と七日は、京都のサレミンク神父の教会に泊まり、八日九日が熊本。そのあとは親子で自由に楽しんだようである。

九月八日。午前。ニッピー一行の出迎えのため、寛治はワゴン車で熊本空港へと向かった。同行者は妻のハナ、息子夫妻と三人の子ども、娘夫妻と二人の子ども、計一一人。大阪からは、ニッピー親子と内山、通訳のサレミンク神父、関イ連会長の加藤恭雄が同行することになっていた。

「ちょっと離れとれ」

空港で待つ間、寛治は妻ハナや子どもたち夫妻と離れた場所に立って、ひとりの空間を確保した。家族一同の不安が渦巻いたように、空気は緊迫していた。

飛行機が着陸した。ジーパンでTシャツの上からジャケットを羽織ったラフなスタイル、眼鏡をかけたニッピーが笑顔を湛《たた》えてゆっくりとした足どりで歩いてくる。寛治は、写真とは違うその坊主頭に目を走らせたが、それにとらわれるより、似ている、親父そっくりだ、これは正真正銘親父の子に間違いない、と思った。まわりの家族も同様な感想をもった。来日してから眠れない夜をすごしていたニッピーは、疲れた素振りを見せることなく、寛治に近寄った。そして黙って握手を求めた。それから互いに抱き合った。寛治には何の違和感もなかった。妻のハナや子どもたちはその静かな出会いに感動し、みな目頭を押さえた。寛治は自分の気持ちがごく自然体であることに気づいた。あとから降りてきた小柄な母ジョセフィネと顔を合わせ、握手をしたが、このときも違和感はなかった。

昼食にと用意していた寿司屋に一六人全員を招いた。

通訳のサレミンク神父から、「ニッピーさんと母ジョセフィネさんは、温かなもてなしに感激している」と伝えられた。寛治もニッピー親子に会えた喜びを素直に述べた。そのあと改めてニッピーを見た。やっぱり似ている。親父と瓜二つ。親戚には二人、三人とニッピーと同じ顔をした男たちがいる。母親似の寛治は、墓参を許した判断に間違いがなかったことを確認し安堵した。

寿司を前にして、ニッピーが声をかけてきた。

「父さんは、どんな趣味をもっていたんですか」

何気なく応えた。

「趣味といったって特になかったように思うけど、昔、元気のよかったころは、祭りで太鼓を叩くのが好きだった。太鼓は上手だったたね」

それを聞いて思わずニッピーの胸は詰まった。受刑中に味わった不思議なリズムの体験を忘れてはいない。やっぱりそうか、あのとき確かに誰かに見守られているような気がしたが、それが父さんだったんだ。父さんが僕を悲惨な子ども時代から救い出してくれた。祭りの太鼓と自分のボンゴ。以来ずっと父さんが僕を支え導いてくれたんだ。音楽家としての地位を確立してもなお胸底にわだかまっていたのは、なぜ自分がこの世界にいるのかということだった。それらすべてが父房雄とつながった。この確信はニッピーにしかわからない。日本へ来て兄さんに会ってよかった。ニッピーは涙をこらえるのが精いっぱいで多くを語れなくなっていた。

予定として昼食後に墓参することになっていた。ここで子ども連れの若い夫妻たちと別れ、墓参に行く七人がワゴン車に乗り込んだ。

ワゴン車は二十分で実家の青果店の前に到着した。

中田家の墓は、店の前の国道から五〇メートル奥へ入った小高い山の上にある。

妻ハナが先頭に立って、ニッピー、内山、加藤の順に山を登りはじめた。

寛治は青果店付近の道端でしきりに小石を拾い集めているジョセフィネを見つけた。みんなが山を登っているのを知りながら、腰をかがめたまままいっこうにあとを追う気配がない。

不思議に思い誘ってみた。通訳は神父。

「私、お墓参りはしません。ここでみなさんをお待ちします」

「日本まで来られて、目の前に墓があるというのに、どうして?」

「お墓にはあなた方のお母様が眠っていらっしゃるでしょう、お母様にたいして、私は申し訳ない。私がナカタさんと親しくなったとき、ナカタさんは独身とおっしゃいました。それは本当です。だから私は交際して子どもまで作ったのです。ところが、内山さんの調査でそうではないことがわかりました。日本に来て、ナカタさんは独身ではなく、すでに奥様とあなたがいたことが確認できました。ですから、私はナカタさんのお墓にお参りすることはできません」

ジョセフィネの誠実さと慎しみ深い人柄がにじみ出た言葉だった。

自分の苦しみが内山の来訪からはじまっているように、この人も内山調査の結果を聞いて苦しんだに違いない。一瞬そう思った寛治は本音とも冗談とも取れない言葉を投げかけた。

「今さらそんなことをいっても、どうしようもなかね。そゃあね、男の手口《てぐち》じゃけん」

きょとんとしたジョセフィネに、さらに軽快に言葉をつないだ。

「日本人にかぎらず、それはどこの国も一緒でしょう。オランダにもいるでしょう、そんな男は。好きな女性に使う騙《だま》しの手。騙された女性の方も悪いですよ」

ジョセフィネはにっこりした。

「私はあのころ純情で、そんなことは全然わかりませんでした。日本にあなたのお母様やあなたがいることを知っていたら、私は親しくしていません。本当に私は知らなかったのです」

それは寛治にたいする謝罪とも取れなくもない言葉だった。ジョセフィネの優しい人柄に心打たれた寛治は、一度は訊いてみたかったことを口にした。

「ナカタ　フサオとは、どんな男でした？」

「ものすごく優しかった。本当に立派な男性でしたよ」

クックと寛治は笑った。

「それも騙しの手よ」

ジョセフィネも声を出して笑いはじめた。他人がいえば毒薬になる言葉も寛治が明るくいえば妙薬になる。何かが吹っ切れた。二人はこれまで背負ってきた〝過去〟という重い荷物が降ろされていくような心の軽さを同時に感じていた。

「以前から、亡き母には、ちゃんと理由を話して許してもらっています。だから大丈夫ですよ。どうぞ父の墓に線香を上げて下さい」

中田家の長男の貫録を見せた寛治の顔をジョセフィネは見つめ、感謝の言葉を述べた。

「有難うございます。ではお墓参りさせていただきましょう」

寛治はジョセフィネの手を取って急斜面の小道を登りはじめた。そのあとをサレミンク神父が追った。墓は、寛治の植えたツツジやツゲの木やドングリの木が唯一《ゆいいつ》高さを誇っている以外これといって目立つものはない。雑草だけがもやもやと生い茂る広々とした丘陵地にあった。

墓地の広さ二・五坪。主石には「中田家之墓」の文字が刻まれている。

花が飾られ焼香の用意が整えられた墓前で、ニッピーたちは寛治たちの来るのを待っていた。

残暑の日差しが照りつけるなか、焼香は寛治からはじまり、順番に手を合わせた。

ニッピーにとって待ちに待ったこの日である。幼いころから慕い、憧れ、心のなかで捜し求めていた父親がここに眠っているのだ。ニッピーの番になった。教えられた通り線香に火を点し、墓石に水をかけて真剣に手を合わせた。その途端、姿勢が崩れた。ニッピーは墓石の台座にしがみついて声を上げて泣き出した。

「父さん、僕です。あなたの子どものニッピーです。会いたかった。本当に会いたかった。なぜ僕が会いに来るまで生きていてくれなかったのですか。僕は一度もあなたを恨んだことはなかった。責めたこともないのです。父さん！」

泣き声は海老《えび》のように折れた全身を波打たせ、号泣に変わった。

そんななか叫ぶようにいった。

「父さん！　僕に命をくれて有難う。有難う。有難う」

周囲の人々はみな感動して涙した。

寛治も大きく心を揺さぶられ、涙が止まらなくなっていた。咄嗟《とっさ》に、寛治は号泣しているニッピーの脇を通り墓の裏側にまわって納骨堂の石扉を開け、父房雄の骨壺を取り出した。ニッピーは骨壺を抱いてさらに泣いた。そのときだった。寛治はポケットからハンカチを出し、ニッピーの抱いている骨壺から、遺灰をひとつまみ取り出して、目の前に差し出した。言葉を交わさずともニッピーにはその意味がわかる。両手ですくうようにそのハンカチを受け取った。

誰もがハンカチを握り、骨壺を抱いて泣きじゃくるニッピーを見守った。

いっときして寛治はニッピーの手を取っていった。

「お前は俺たちと同じ親父《おやじ》の子だ。オランダへ親父を連れて行って祀《まつ》れ。日本の仏教の祀り方はあとで教えてやる。小さな蓋《ふた》のついた物に入れて毎日家で手を合わせるんだ」

異母兄弟と認められたニッピーは感激で言葉を失っていた。

ジョセフィネが感極まった表情で寛治に礼を述べた。

「息子にお墓参りを許して下さっただけでも感謝しておりますのに、その上、ナカタさんの子どもと認めて下さり、誠に有難うございました。私もこれで心残りはありません。ご夫妻のお墓参りをさせていただきましたこと、本当によかったと思います。有難うございました」

寛治の心は清々しかった。

ニッピーの目には寛治と父房雄が重なっていた。

この日、一行は阿蘇山の裾野にある山奥の国民宿舎に泊まっている。宿舎で夕食を取りニッピーの身の上話などを聞きながら、みんなでくつろいだひとときをすごした。仕事を終えた三男も駆けつけた。「会ってよかった」。三男は心底喜んだ。

翌日、ジョセフィネとニッピーは海軍病院の戦友会に出席することになっていた。会場は佐賀の武雄温泉。寛治が車で案内した。内山とサレミンク神父が同行している。

このとき、ハンドルを握る寛治はニッピーを助手席に座らせた。後部座席には神父が控えていた。

寛治には飛行場でニッピーに会ってからずっと胸に引っかかっていたことがあった。ニッピーのジョセフィネにたいする態度がどこかよそよそしいのだ。この母と子には情愛を育む時間が遮《さえぎ》られていたからだろう。寛治は、二人の間に漂っていた不自然な空気を鋭く見抜いていた。

「ニッピー、お前がお母さんと離れて暮らしていた子ども時代のことは夕べ聞いた。お前は苦労したようだな。でもお母さんの苦労はもっと大きかったのかもしれないぞ。せっかく一緒に日本へ来たのだから、お母さんと仲良くしなくてはいけない。親子なんだから、子どもが親をたいせつにしないでどうするのだ。お前の態度はよくないよ」

ぽっと頰を染めたニッピーは、にっこりしてうなずいた。

生まれて初めて体験する兄の叱責。たった一日で人生ががらりと変わるかのように、寛治の一言でそれからのニッピーの態度はみごとに改まった。互いに目を合わせることのなかったこの親子は、自然に互いを見、微笑み、言葉を交わすようになったのである。

武雄温泉に着くと、戦友会のメンバーが心からジョセフィネとニッピーを歓迎してくれた。

畳敷きの大広間に三〇余人の私服や浴衣を着たメンバーは膳を前にくつろいだ表情で向かい合って座っていた。そこにサレミンク神父、ジョセフィネ、ニッピー、内山が連なった。寛治の一行も末席に座った。歓談のあと、黒いズボンと黒いシャツにグレーのネクタイを締めたニッピーが、丸い二つの楽器をしつらえた舞台に上がって挨拶をした。これからおめでたい席にふさわしく十分ほどの鶴の舞い降りる曲を演奏するという。楽器を打つニッピーの両の手から絹糸のような繊細な音楽が流れた。

指が二重三重に見えるくらい細かく動きはじめたかと思うと、その調べはより静謐さを湛えて美しく響いた。耳を傾けている全員がニッピーに優しい眼差しを向けた。

そんななか、寛治に近づき、言葉をかけてきた元海軍関係者がいた。

「寛治さん、どうかお父さんを恨《うら》まないでくれ。若くして兵隊に引っ張られ、明日はどうなるかわからないときだもの、お父さんのしたことを責めないで、許してやって欲しい」

寛治は頰笑みを返した。この期に及んで父房雄の若き日の行為を許すも許さないもない。それよりも舞台のニッピーの姿がまぶしい。気持ちが和やかになり、いい知れぬ喜びが湧いてきた。会えてよかった。寛治は心のなかで何度も何度もそうつぶやいた。考えに考え抜いてきた寛治の苦悶の日々は、昨日の墓参をもって終止符が打たれていたのである。

内山は関西国際空港にニッピー親子が着いたときからこの日まで行動をともにしている。熊本に着いてからもみんなの姿を見つめてきた。目の前で音楽を奏でるニッピー、それを優しい表情で見守る寛治とその家族。この異母兄弟のかけがえのない姿から大きな感動を得たのであった。

〈父親捜し〉の最後に幾度となく味わってきたこの感動が厳しい調査を継続させている。

第五章　日本の家族

日本の家族は日系二世のことを知らされたとき、どんな反応を見せるのだろう。

内山によると、二世を「父の実子」と認めるか認めないかは、おおむね最初の訪問時の父親サイドの応対で見当がつくという。訪問先のインターホンを押して声をかけるとき、「今でも緊張して胸がドキドキと高鳴り、いつまで経っても慣れない」そうだが、訪問を受けた家族の気持ちを考えると、その驚きの大きさは想像に難くない。

父親・家族（親族）と内山との初対面の様子は、その〝入口〟に焦点を当てても理解できると思われる。そのため、この稿では、対面の部分にかぎって紹介をしていくことにする。

前述したように「父親到達」件数は五件。一九九七（平成九）年から二〇〇一（平成十三）年にかけてのことである。現在この父親たちは全員が死亡している。（父親の名前は、依頼状にある名前と内山調査で確認した正しい名前とを記していく。依頼主は、孫に当たる三世が二人登場、ほかは全員が二世である。名前は略。性別・出生年・出生地は明記する）

実子と認めた父親

〈依頼主＝女性　出生＝昭和二十一年三月四日。出生地＝ジャカルタ〉

〈アダチ　ヨシオ〉＝正しい漢字は「安達禎夫」

茨城県在住。一九九七（平成九）年八月上旬、暑い日の午後に訪問。

酒屋の裏手にあった安達の家は、小さな庭つきの平屋の一戸建てだった。

「ごめーん下さーい」

内山の呼び声を聞いて玄関の戸をガラガラと開けて出て来たのは、縮みのシャツを着たステテコ姿の病身な男性。八一歳の安達である。その場で話をしはじめた内山をジャワ時代の私生活の調査人と勘違いしたのか、安達は大きく動揺していた。

「現地女性と同棲していたのは私だけじゃない。そうそう、結構いたな。私だけじゃないよ」

内山は来意を説明し、依頼状に同封されていた二世と母親の写真を見せた。

「それは、私の子どもに間違いない」

簡単にわが子を認めた。

「娘さんが、お父さんに会いに来たいといっているのですが、お会いになりますか」

「そうだなぁ、娘が来るんだったら、いくらかでもお金を用意してやりたいから、ちょっと時間をくれませんか」

「いいえ、娘さんには、お金の心配などしなくてもよいようですよ」

安達は遠くの空を見るようにしてぽつんといった。

「それにしても、やっぱり金はいるからなぁ。まぁちょっと時間を下さい」

その優しい表情と口調に父親の顔をのぞかせた。

安達は妻を亡くしていた。ひとり暮らしをし療養中だった。「時間を下さい」といったのは、この秋、再発したガンの手術をするのだという。

相変わらず遠くに視線を置いたままいった。

「手術後、元気になってから、娘と会いたいですなぁ」

娘との再会を夢見て、ガンの手術に打ち勝とうとしている安達の心情にふれた思いがした。内山は詳しい話をせず、再会を約束して立ち話のまま別れたのだった。

その後、関係を切らさないようにと何通か手紙を出した。返事は来なかったが、手術のことを気にしながら安達の連絡を待った。ところが、その間ちょっとしたアクシデントが起こっていた。内山調査の結果を知った娘が、父親に会いたいばかりに電話を望んだのであろう、オランダの二世の支援者が内山に連絡することなく安達に電話を入れていたのである。

そのとき安達は電話口で尋ねたそうだ。

「もし、オランダから日本へ呼ぶとなると、金はどのくらいかかります？」

日本人の支援者は生半《なまなか》な返事をした。

「往復の航空運賃でだいたい四〇万円ぐらいでしょうか」

すると安達はこういったという。

「そうですか、四〇万なら、一〇〇万ぐらいは用意をしておかなければなりませんね」

これをルカ・ホルスティンク神父（サレミンク神父は逝去）から聞いた内山は怒りを露わにした。

「安達さんの体調はひじょうに悪い。心配かけるようなことはいわないでもらいたい。特に金のことは口にすべきではない。なんぼなんでも往復に四〇万円もかかるはずはないじゃないか。私以外の人を通して安達さんと連絡を取るときには、必ず私に前もって一報を入れてくれ」

怒りの言葉はオランダへ伝えられた。

落ち着かない気持ちを抱えて内山は安達からの一報を待った。気になって電話をしてみたが、受話器からは、「この電話はただ今使われておりません」のアナウンスが流れた。嫌な予感がした。ときは秋から冬へと移り新年を迎えた。その五日のことだった。東京在住の見知らぬ女性から届いた手紙に「安達さんは、昨年の十一月十一日に死亡しました」とあった。内山は心を痛めた。娘の来日費用がプレッシャーになって安達さんは命を縮めたのではないか。しばらく後味の悪さを引きずった。のちに二世は墓参をすませている。

安達と同様、その場で二世の存在を受け入れた父親がもうひとりいる。

〈依頼主＝女性の息子　出生＝昭和二十一年七月二十五日　出生地＝中部ジャワ・スマラン〉

〈ササガキ　カツミ〉＝正しくは「笹垣勝蔵」

青森県八戸市在住。一九九八（平成十）年六月二十四日、自宅を訪問。

笹垣の家は二階建て。道端に大きなイチジクの木が繁り、家の前の庭にはユリの花などが咲き誇っていた。内山が玄関で声をかけると、八一歳の勝蔵が出て来た。用件を伝えた。

「そうですか、あの子は元気に育ちましたか」

勝蔵の第一声は弾んでいた。

二人だけで話そうとしたが、その気遣いをよそに、勝蔵は部屋に上がれと熱心に勧めた。妻と二人暮らし。このとき妻も家にいた。ひとり娘は結婚して東京に住んでいる。勝蔵と妻とを前に内山は詳細を述べることとなったが、勝蔵に慌てる様子はなく、妻も平然としていた。

「スマランで生まれたあなたとローズさんの子どもは、三八歳で亡くなっています。その子ども、つまりあなたのお孫さんとローズさんが、あなたに会いたいといっております」

「私はあのころ、ローズさんには助けてもらったというか、お世話になりました」

「お孫さんとローズさんは、あなたがお元気なら、あなたをオランダへお招きしたいといっています。お返事を聞かせて下さい」

勝蔵は自分の健康について語った。

「それは有難い。しかし、今私には外国旅行ができるほどの体力はない。片方は失明寸前、歩くのも難しい。嫁いだ娘とも相談した上で返事の手紙を出します。少し待って下さい」

突然の話に驚きながらも勝蔵は喜んだ。

内山が大阪の自宅に帰った数日後、勝蔵から手紙が届いた。そこには「この手紙をローズさんに送ってくれませんか」と書かれていた。手紙は、ルカ神父に翻訳を頼んでＪＩＮへと送られた。間もなく勝蔵から二通目の手紙が届いた。それも同じような経過を辿ってＪＩＮへと送られた。ところが、二通目の手紙を送ったのち、突然現地妻が乗り込んで来るという、笹垣家はもとより、親戚一同を巻き込んだ前代未聞の騒動が起こる。交流結果とともにこれは別章にゆずる。内山を部屋に通して話を聞くという笹垣夫妻のこの応対は珍しい。

夫が妻に気を遣うのは次のケースでわかる。

〈依頼主＝女性　出生＝昭和二十年二月七日　出生地＝東部ジャワのマラン〉

〈タニグチ　マサオ（仮名）〉＝「谷口正雄」

神戸在住。二〇〇〇（平成十二）年十一月五日に面会。

谷口とは神戸図書館の前の小さな公園で会った。ベンチにならんで座った内山は、いつもの内容を手順よく谷口に説明しはじめた。谷口は黙って聞いていた。ひと通り話を聞き終えると静かに応えた。

「それは私の娘に間違いありません」

谷口は認めた。

「娘さんが近々日本に来られます。お会いになりますか」

「それは、ちょっとお待ち下さい。家族と相談しなくちゃいけませんから」

「そうしたら、もう一度お訪ねしてもいいですか」

「いいえ、私どもの方から必ず電話を入れます。それからということにして下さい」

数日して谷口から電話が入った。会う場所は神戸の図書館の食堂と決めた。

約束の日、谷口は嫁いでいる娘を同行して来た。

話を聞けば、妻はいっときショックで半狂乱のようになったが、娘が何とか取りなして落ち着かせた。今では二世を「家に泊めてもよい」という返事をしてくれるまでになったという。

のちに二世は来日して病気になっていた谷口と会った。家に泊まっていないが、かいがいしく父親の世話をしている。

疑問を抱く父親

〈依頼主＝男性　出生＝昭和二十一年四月二十六日　出生地＝ジャカルタ〉

〈イシムラ（呼び名は「ニシ」）〉＝正しくは「西村」

長崎県在住。一九九八（平成十）年二月中旬に自宅を訪問。

会ったのは西村の家の玄関先。七七歳の西村がその上がり框《かまち》の板張りの上から見下ろすように立つ前で、内山は土間に立ったまま話をすることになった。

「あなたはジャカルタの憲兵隊におられましたか」

「そうだ」

内山は二世から送られていた西村の若いころの写真を見せた。

「この写真はあなたの若いころの写真ですが、見憶えはありますか」

「わからん」

「あなたには、ジャカルタで親しくしていた女性はおられますか」

「そらぁ、若い時代だから、二人や三人、遊ばせてもろうたオンナはおったよ」

「じつは、あなたのお子さんがオランダにおられます。たぶんその二、三人の女性のなかの一人だと思うのですが、お心当たりはありませんか」

「ない。私が遊ばせてもらったオンナから、子どもができたという話は聞いたことがない。何のことかわからん。そんな話は聞きたくない。もう帰ってくれ！」

その場で、内山は追い返された。

依頼主の男性が来日したのは、それから約八カ月後の十月下旬。内山は二世と通訳をお願いしていたルカ神父をともない、三人で二回目の訪問をしている。

家の玄関で声をかけた。応答はなかったが、人の気配はした。ただ立っていても埒《らち》があかず内山はすぐに図書館へと走った。市会議員の家の電話と住所を調べた。この家の近くの市会議員に電話をして事情を話すと、議員は快く話を聞いてくれた。議員は以前中学校教師をしていたそうで、西村家の養子は教え子ということだった。今度は議員も加わり、もう一度西村家に行って四人で家のまわりを歩きながら声をかけた。少し強引なやり方に、内山は気のとがめるところもあったが、他に方法が見つからなかったかった。居留守を決め込んだ西村が出て来なかったため、二世は泣いていた。みんなが諦めた矢先、西村は自分の車に乗って出かけてしまった。アッという間のできごとだった。このとき西村は車の窓ガラス越しではあったが、二世の顔を一瞬鋭い目で見ている。

「内山さんこれではどうにもならん、今回は諦めて、また出直して下さい」

議員の言葉で二回目の訪問は打ち切られた。

二カ月後の十二月中旬、内山は今度はひとりで訪問したが、やはり門前払いされた。四回目の訪問は一年後の十月下旬、このとき西村は入院中で無駄足を踏んでしまった。

のちに依頼主は二〇〇〇（平成十二）年十月と二〇〇二（平成十四）年四月に来日し、長崎のこの西村宅を訪れている。二〇〇〇年のときは同じく拒否されているが、二〇〇二年のときには病院で西村と会っている。二世は西村と握手をした。それから肩を揉むなど、かいがいしく世話をして、親子の情を通わせたそうである。後日内山はことの次第を知った。二世から病院で撮ったという写真が送られてきたからだった。そこには西村と二世が二人仲良くならんでいた。内山の心の片隅には、本当に西村は二世を「実子」と認めたのだろうか、と疑問が残った。

三回目と四回目の訪問時の通訳兼案内役は、福岡県・水巻町教育委員会国際交流課に勤務しているアメリカ人のラルフ・シュリオック。彼もボランティアで活動している。また、西村宅を内山が頻繁に訪問しているのは、他の依頼状の調査で九州を訪れる機会を利用してのことである。

この件では、内山をはじめ関わった誰もが、「西村は逃げまわっていた」と思っているようだが、あるいは、西村は本当にわが子の誕生を知らなかったのかもしれない。それは第一章のエリオノーラの証言にあるように、男性と別れたあと、女性が妊娠を知ったというケースもあるからだ。しかし、戦時中オンナ遊びはオトコの甲斐性とばかりに歪んだ価値観をもって情交を重ねていた男性たちが、半世紀経って、ある日突然自分とそっくりな顔をしたわが子に「お父さん」と呼ばれる気持ちはどんなものだろう。驚愕《きょうがく》に価するできごとだろう。が、性が命を誕生させ、その命が時間によって育まれていくことを改めて考えると、そこに同情の余地はない。依頼状は父親にその自覚があろうとなかろうと二世によって作成され、内山が運んでいるにすぎない。

拒否家族

ここでは拒否したケースを集めてみる。（出会う人が父親本人でないため名前は省略する）

これは、子どもが父親から戦争体験を聞いていないケース。

東京・赤羽。内山はその家の前で声をかけた。玄関の戸を開けいかつい顔をしたジャージ姿の四〇代半ばの男が出てきた。捜していた長男だった。用件を話すと、

「なんだ、そんなことか」

息子は素っ頓狂な返事をし、即座に内山の話を否定した。

「親父はジャワへは行っていないよ。満洲へは行っているけど、ジャワはない」

「私はジャワ時代のお仲間から、あなたのお父さんのことを聞いて、こちらに来ています」

「いやいや、それは間違い。大きな間違いだよ」

父親がジャワに派遣されていたことをまったく知らない様子、取り着く島がなかった。

「ご兄弟はおられますか」

「おるよ。男の兄弟が三人、女が二人」

「それならご兄弟のなかの誰かが、お父さんがジャワへ行っていたことをご存じかもしれませんから聞いておいてくれませんか。それと、どなたかの電話番号を教えて下さい」

息子は三男の名前と電話番号を教えてくれた。

「三男さんの住所は？」

「住所はええじゃないか」

暖簾《のれん》に腕押し。呆気ない面談だが、ここで引き下がると日系二世の望みは断たれてしまう。しばらく経って三男に電話したが、何回かけ直しても出ない。他に方法がなく、住所を調べて手紙を送るしかないと考えていた。そんな矢先、三男の妻から電話がかかってきた。

「主人は今入院しています。お尋ねの件はこちらにおい出で下さったとき、義兄が申し上げた通り。義父はジャワには行っておりません。ですから人違いです。そのようにお心得下さい」

一方的に話をして妻は電話を切った。丁度、オランダ在住の依頼主がアメリカへ移住することになり、その知らせが届いた。そのため〈捜し〉はここで「中断」となっている。

まったく聞く耳をもたない人もいた。

神戸。玄関先で何度となく声をかけたが、留守かと思えるぐらい応答がなかった。そのうち五〇代の主婦が姿を見せた。内山が用件を述べる間、主婦は迷惑そうな顔をして聞いていた。

「私はこの家の養女です。ですから戦時中の父のことはわかりません。ジャワへは行ってなかったはずですよ。父も母も他界していますし、今さら確認のしようもないことです」

主婦は内山の説明を無視して、父親はジャワへは行っていないといい張った。

「それではご両親のお墓を教えてくれませんか。どこにあります？」

すぐには答えなかったが、じっと待つ内山にしびれを切らしたのか、主婦は嫌そうに答えた。

「神戸市営のひよどり越え霊園です」

「霊園はとても広い。墓地には番号のついた区画があるでしょう、それを教えて下さい」

主婦は面倒臭そうに口を開いた。

「詳しいことは事務所に行って訊いて下さい。ただ地震でずいぶん墓石が倒れましたが、うちのお墓はその倒れた隣にあります。うちのは倒れていませんから」

情報は「地震で倒れた墓石の隣にある倒れなかった墓石」だけ。これを頼りに、のちに二世は、霊園の状況を知るルカ神父の案内で墓参をしている。内山は同行していない。

「拒否家族」のなかには応対時に好意的であっても、あとから交流を断ってくるケースもある。

静岡県・三島。訪問先の家の玄関で内山は七〇代と五〇代の女性と向き合った。

それは、亡き父親の妻と三年前に亡くなったという長男の嫁とだった。

最初に内山は二世（男性）から預かった「父親の実子」であるという証拠写真を見せた。そこには父親の形見の「家紋」「焼きゴテで名前が押された皮のカバン」「父親の姿」が撮られていた。これらは、二世の家の玄関先に置かれた大きなショウケースにだいじに保存されていた品々だった。

「これはお宅のお父さんの写真ですね。これらをもっている方がオランダにいます。その方はお宅のお父さんの子どもだといっております」

妻は何かを知っているのか、肯定的な口調でいった。

「主人も若かったものですから、そういうことが、あったのかもしれませんね」

まずは二世を認めたかに思えたが、嫁が口を出してさえぎった。

「亡くなった主人には兄弟がおります。三男二女でしたから他の兄弟の意見も訊いてみないことには。ここで何ともお答えの仕様がありません。相談してからお返事させていただきます」

数日後、内山のもとに嫁から電話が入った。

「色々と義父の形見の品を見せていただきましたが、義父は郷里の天草では立志伝中の人として慕われております。今さらこういうことをいわれますと、義父の名誉に関わりますから、このお話はお断りさせていただきます」

父親の名誉をいうのなら、「実子」と認めるのが、父親にとっての名誉じゃないのか。内山はこう考えてそれから何回か嫁に宛て手紙を出したが、返事はなかった。

後日談。内山の訪問時、隣の部屋で話を聞いていた嫁の子である大学生から、内山のもとへ手紙が届いた。〈家ではオランダの人のことを迷惑がっていますが、その人が祖父のお墓参りをしたいのであれば、僕が案内します。その人に会ってみたいのです。ぜひこの手紙を翻訳してオランダのその人に届けて下さい〉。甥と連絡を取り合い、墓参の段取りを話し合った。のちにこの甥の案内で来日した二世は墓参の願いが適った。以降、内山が甥宛てに再三手紙を出しても返送されてくる。甥と連絡が取れなくなり、このケースは断絶状態になってしまった。

次のケースは二世の子ども、つまり日系三世の男性が祖父を捜して欲しいという依頼である。この依頼は書状ではなく手紙で届いている。祖父を捜したいという心情が綴られた手紙を読んで、内山はなぜ二世本人が捜さずにその子どもが必死になって捜しているのか、と不思議に思った。

それに、わかっていることといえば、二世の父親の氏名が〈今井よしお〉、〈現在、広島に住んでいるらしい〉だけだった。

「今井よしお」は広島の郊外に在住していた。二〇〇一（平成十三）年五月二十七日、自宅を訪問。

玄関で妻が対応した。

「今、主人は入院しています」

内山は妻に三世の意向を話した。今井は復員後三回結婚している。三人目となるこの妻は、最初は話を聞いてくれたものの話が終わらないうちに、いい加減に早く帰ってくれ、といわんばかりの態度を見せはじめた。それでも内山は妻に頼んだ。

「今井さんに直接お会いしたいので、入院先を教えてくれませんか」

「主人は老人施設に入って寝たっきりの植物状態になっています。あなたとお話ができるようであれば教えますよ。だけど私を見ても誰だかわからないのですから、無駄ですよ」

「いや、会ってみなければわかりません。とにかくその施設を教えてくれませんか」

内山は粘ったが、教えてはくれなかった。

結局、内山は今井に会っていない。オランダの三世にはここで見聞きしたことを報告文にして送った。そこに「これ以上、お祖父さんのことが知りたいのなら、お祖父さんの子どもである、お母さんか叔父さんに依頼状を書いてもらって、改めて私に送って下さい」と記した。

三世からの返事はなかった。

内山がお手上げしたケースもある。

大阪。父親は他界していた。父親の娘と話ができた。戦時中の父親の軍歴などを調べ上げていたことが、説得の材料になっていたようで、娘は好意的な態度で聞いてくれた。

「わかりました。それで、何か証拠のようなものはあるのでしょうか」

娘の口調から証拠さえあれば、父の実子と認めてもよいというふうに受け取れた。

内山は二世の送ってきた父親の写真を見せた。

途端に娘の表情が一変した。

「これは私どもの父親ではございません。このお話は人違いでしょう」

険しい表情をした娘は、念のため父親の写真を出して見せてくれた。それは二世から届いていた写真とはまったくの別人だった。持参した写真は、額に皺の入った老兵だが、娘の父親はふっくらとした顔立ちで、眼元には知性を漂わせ口元は引き締まり、いかにもインテリ風。どうしてこんなことが起きたのだろう、途方に暮れた内山は、これ以上期待できないと判断した。

「では、お墓参りだけでもさせてくれませんか」

「縁もゆかりもない人に、お墓参りをしていただいても気持ち悪いですから、お断りします」

無理かもしれないと思いつつも内山は食い下がった。

「お墓のある場所はどこですか」

「どうしてもお墓参りをしたいとおっしゃるなら、私どもは真言宗ですので、真言の総本山である高野山にお参りさせて下さい。そこへ行けば一緒ですから」

二の句が告げなかった。

後日談。調査結果を知ったオランダの二世は、母親からもらってだいじにしていた父親の写真が見知らぬ人だとわかりノイローゼ気味になった。二世は所属団体（櫻）の日本人の支援者に頼んで大阪のこの娘に電話してもらった。支援者は、二世が写真の間違いを詫びていること、できればあなたの父親の写真を送って欲しいといっている、という旨を伝えた。

娘の応対にはそつがなかった。

「その方を父の子として認めるわけではございません。しかし、ノーローゼになるほどでしたら、父の写真を送って差し上げましょう。私どもでは、今後の交流も辞退いたしますが、その二世の方によろしくお伝え下さいませ。一日も早くご体調がもどりますことを願っております」

父親の写真はオランダの二世に届いている。

次の話は二〇〇九（平成二十一）年の春のこと。

大阪。内山がその家を訪ねたとき、父親の息子と思われる男性が応対した。

名刺を出して説明しかけた。

「今、あなたの異母兄弟と思われるオランダ人が来日しています。お父さんが他界しておられたら、墓参をさせていただけませんか」

といった途端、息子は激怒した。

「帰ってくれ！　聞きたくもない」

内山は追い返された。そのあと男性は警察に通報している。

「先ほど家に来た内山という男は怪しい」

自宅にもどると警察から問い合わせの電話がかかってきた。日系二世の記事が載っている。そこに私のコメントもあるので読んで説明してやって下さい」といった。警察は新聞を見たようだ。その後電話はなかった。

昨今、〈父親捜し〉は難航しはじめた。蘭印の戦争体験者が激減している。反対に、父親の出征先を知らない子どもが増えている。さらに玄関先のインターホンを押しても気軽に家人が顔を出すことが少なくなった。これらの現況が難しさに拍車をかけている。

交流（受容）家族

初めて二世の存在を知って受け入れ交流している家族を当稿ではこう呼んでいるが、じつはこの言葉の意味はきわめて曖昧である。

二世の基本的な要求は「父親の写真」「墓参」であるが、やはり彼らには「異母兄弟の家族同士、仲良くしたい」という気持ちが湧いてくる。厳密にいえばこの三点の条件を満たし、時間の経過とともによい関係が築かれてこそ「交流家族」と呼べる。

しかし、現実はそうはいかない。「写真は上げますが、墓参と交流はお断りします」、「写真と墓参の願いは聞き入れますが、交流は断ります」というケースもある。一部追跡調査をして再確認したことだが、「内山さんのご苦労に敬意を表する気持ちもあって、最初は、写真も墓参も二世の願いを聞き入れ、お付き合いを承諾しました。ですが、あれから十年近く経ちました。私も妻も年老いた上に病気になっています。申し訳ないないのですが、今は二世のことは考えたくありません」と。当然この家族には取材を断られた。このように、時間の推移とともに家族の事情が変わり、二世への対応の仕方に変化が出てくるというのは、あり得る話だといえよう。

そこで「交流」とは、どの時点でラインを引けばよいのか迷った。考慮した結果、当稿では家族

（親族）が写真を贈り、墓参の案内をし、二、三時間でも二世と時間を共有したケースを「交流家族」とした。したがって、ここではその後の関わりについては含んでいない。

では、どんな家族が受け入れているのか。これは一概にはいえない。前述したように、父親の形見の品を複数もっていたとしても世間体を気にして、二世を「拒否」した家族もある。

ここで父親が遺したものに言及して〈捜し〉との関係を探ってみよう。

依頼状を書いた二世のなかには、父親が母親に贈った品物について、ほんの少しの人がふれている。それは、遺っていないものと遺されているものに大別できる。

前者が「莫大なお金、金銀の装飾品」「日本刀（独立戦争中に没収された）」。後者が形あるもの、つまり形見の品として「父親の写真」「お守り」、先述した「写真・形見の皮のカバン」などがある。また「父親の氏名・子どもの出生日・子どもの氏名」の横に「右小生の子ナルヲ証明」と、戦時中に父親が記した「手紙」もある。もう一つ、戦後、日本の自宅の住所や仕事場の住所を明記した父親からの「葉書・手紙」も遺されている。

父親が何らかの形あるものを遺していた場合、やはり家族（親族）には納得しやすいようである。

この家の父親は二世の娘に「サイン入りの詩集」を遺していた。

名古屋。一九九九（平成十一）年二月二十七日、内山はルカ神父と一緒に自宅を訪問。父親は他界していた。

父親はジャワへ出征する前に結婚していたが、復員後に一子をもうけている。

内山は妻にサイン入の本の写真を妻に見せた。

「確かに主人の文字です。間違いありません」

妻は認めた。ひとり娘も認めた。

「オランダのその娘さんが日本へ来られたときには、私どもの家で快くお迎えいたします」

二世との交流も承諾している。

その後の当取材で、七八歳になっていた妻に、このときの受容理由を尋ねた。

妻はベッドに寝たままだったが、気持ちよく話をしてくれた。

「主人は私より八歳年上で、頭がよくて優しく、人間的に大きな人でした。私は主人を信頼し尊敬していましたから、主人の死後このお話をいただいたとき、ためらわず二世を受け入れたのです。日本のオンナとして筋の通った生き方をしたいと私は考えていましたから」

このとき二世来日の折に撮った写真を見せてもらった。そこには姉に当たる二世と異母兄弟の妹が同じ浴衣を着て笑顔でたたずんでいた。よい関係が保たれていることは一目瞭然だった。

次のケースはJIN結成直後、フレダーの父佐藤和夫によって父親に到達しているが、佐藤は体調を崩していたようで、再三JINから要請されても動く気配がなかった。代わりに内山が引き継ぐことになった。入手した情報は〈父親の氏名〉と〈住所〉だけだった。

岩手。一九九七（平成九）年八月四日、自宅訪問。

訪問した三カ月前に父親は逝去していた。対応したのは四人兄弟の長男。はじめて聞く二世の話にもかかわらず、長男は驚いた様子を見せなかった。

「じつは父の死後に遺品を整理していたら、小さな紙箱に外国からの郵便物がいっぱい入っていたんです。手紙だけでなく写真もありました。差出人はその女性と二世だったのですね」

父親の遺品から家族が薄々感づいていた過去の秘密。このとき亡き父親の妻は元気だったが、これを機に現地妻の存在を知ったようだ。が、父親は他にも隠していたことがあった。

二世（男性）は父親に会う目的で来日している。

父親の存在を二世が知ったのは、やはりオランダの実母の逝去後のことで、遺品のなかから父親の手紙を見つけたという。その氏名と住所を頼りに〈捜し〉を希望する手紙を書いた。最初のころは佐藤和夫に、後には内山に送っている。父親が判明すると、手紙を遣り取りし、日本での再会を約束した。二人は親子水入らず、仙台のホテルで五泊六日をすごし、松島などへの小旅行を楽しんだ。

二世は父親と会ったときのことをこう振り返る。

「仙台空港に着いたとき、人波のなかからひとりの男性が近づいて来たかと思うと、僕を抱き締めて泣きはじめました。それはいっきに五十年の歳月の空間を埋め尽くすほどの温もりがありました。そして帰国の日、父と最後に抱擁して僕がバスに乗ろうと片足をバスに乗せたとき、父は僕の体を引きもどし、バスから降ろして、もう一度抱擁をしてくれました。名残惜しい別れでした」

このできごとも家族は知らなかったが、内山の訪問を契機に、二世と異母兄弟の長兄との交流ははじまっている。

第六章　オランダの異母兄弟

「交流家族」のなかには積極的に二世と連絡を取り合い、よい関係を結んでいる家族もある。

交流七年目。この異母兄弟は、オランダ側が兄、日本側は妹と弟である。

現在、妹（当時五〇代半ば）は、異母兄弟の関係をどう思っているのか。

「暮らしが別ですから生活実感を共有することはありませんが、兄に会うとわくわくして雲の上を歩いているような幸福感があります。兄の存在が有難い。無理をしないでゆっくりとお付き合いができたらと考え、ときどき近況を書き綴ったメールの遣り取りをしています。これといって気にかかることはありませんが、いつも元気でいて欲しいと願っています」

対面時、父親は他界していたが、その妻は元気だった。

妻（同七〇代前半）の今の気持ちはどうだろう。

「私の二人の子どもとオランダの彼（二世）は、主人の子どもです。同じように大切にしたい。子どもたちに兄ができたことを私は感謝しております。彼には特に何をするということはありません。来日のときには快く受け入れてあげたいと思うぐらいです。こうして家族が広がっていくのはご縁があってのことですから。オランダのお母さんがどんなにご苦労されたか、それを考えると心が痛みます。亡き主人も彼に会いたかったに違いありません。私も立派に育った彼を会わせてあげたかった。どの子も幸せでいて欲しいと祈っております。親は祈ることしかできません」

家族の対面は二回。最初の対面のとき、二世は街でショッピングを楽しんでいる。

「兄は料理をするのが好きだといって、お茶椀やお皿などの陶器を買い込んでいました。いつかレストランを開きたいという夢があるそうなんです。日本の料理も美味しいと喜んでくれました」

少しずつ、それぞれの癖や好みや趣味を知って、理解を深めていく。

二回目の来日は二年後の一月下旬。妹は二世を誘って弟と実母と一緒に金沢へ一泊の温泉旅行に行っている。そこでの楽しい思い出をこう述べた。

「弟がいうには、兄が温泉に入ろうとしたとき、どなたかに声をかけられた。兄は顔も体つきも日本人的ですから、その方は日本人と間違ったのでしょう。びっくりした兄は温泉をやめ部屋のお風呂に入ったそうです。それを聞いて私たちは大笑いしました」

こうした些細なことから親近感を増していくようだ。

妹は二世と会うたび、その真心を感じるとも語った。

「初回も二回目も私や家族にとても気を遣って下さった。特に実母のことはだいじにしてくれます。いつもお土産をたくさんいただくのですが、金のネックレスの贈り物は、母のものが一番大きい。母もその気持ちを素直に受け取って感謝しています」

オランダの二世も同じことを語る。

「日本の家族との出会いは僕の人生のハイライトでした。異母兄弟とはいえ、僕は妹や弟が心から可愛い。トラブルなく受け入れて下さった父の奥さんには感謝の気持ちでいっぱいです。日本の家族のことを思うと生きる力が湧いてきます。これからも仲のよい家族でありつづけたい」

それぞれの言葉から、互いに自立した生活を営みながら、時間をかけて心の広がりと深さを育んでいこうとする家族の一面が伝わってくる。

二世がいうように、この家族と二世は「トラブルなく」関係がもてたようだが、受け入れが困難な現状を考えると、トラブルがなかったのはなぜなのかと、反対に疑問符を打ちたくなる。二世とこの家族の考え方やかかわり方に焦点を当ててみよう。

捜す気持ちはなかった

ケース・ベルボームとは、ある駅の構内で待ち合わせた。背が高くすらりとした彼は、約束の時間に、ジーパンと黄色のチェック柄のシャツ、スニーカーという軽装で現れた。顔つきと肩幅の狭いその体軀は明らかに日本人、大柄なオランダ人が行き交う構内で、そのスマートさは目立った。通常彼に会うのは難しいと聞いていた。国連の平和部隊のチーフ・エンジニアとしてアフリカ、アフガニスタンなど各国をまわり多忙な日々を送っている上、休暇もインドネシアやスペインですごすことが多いからだという。このときはたまたま休暇で帰国していた。

ケースも他の二世と同様、過去のことはこれまでオープンにしたことがなかったという。

「僕が話すことによって、七九歳になる母を傷つけてしまいそうで辛い。実父と別れてから、母は結婚しています。僕の継父は三年前に亡くなっていますが、母が継父を愛していたとはどうしても思えない。本当に愛していたのは僕の実父だったはず。実父との別れがどんなに悲しいものであったか。母は何もいいませんが、僕にはよくわかります。だから母に昔のことをつっ込んで訊けなかった。僕は実父についてほとんど知らないのですが、それは母への気遣いだけでなく、僕自身が実父にそれほどこだわらなかった、捜す気持ちがなかったという理由もあります」

ケースは感情の乱れなく丁寧に応えてくれたが、「父親にこだわらなかった」「捜す気持ちがなかった」という言葉には意表を突かれた。二世にも色々なタイプがあるようだ。彼のこだわりのなさは、実父や母親のことを時系列的に語れるほどの記憶がないのであろう。それは子ども時代の在り様に影響されているように見受けられた。

父親と母親の出会いは中部ジャワのスマラン。

一九四四（昭和十九）年八月九日生まれ。独身の父親は二四歳、母親が一七歳。

ケースが赤ちゃんのころ、父親は母親と一緒に暮らしていた。「日本へ一緒に行こう」。父親は強く誘ったが、ひとりっ子の母親は、日本には家族も知り合いもいないという理由で断った。この父親が日本へ行こうと誘ったという事実から、ケースは「実父は母を愛していた」と確信している。

戦後、父親は日本へ帰還。そのあと母親に何があったのかをケースは知らない。

三歳でインドネシアの孤児院に入れられ、一四歳までそこで生活しているからである。

ケースによれば、スマランのオランダ領事館の近くにあったこの孤児院は、プロテスタントの経営で、オランダ領事館の補助金や人々の献金で運営されていたという。救護対象年齢は、三歳から一八、九歳まで。総数は約七五人。子どもたちは院内のブロックごとに年齢や男女別にわけられた。幼い子どもたちは男女一緒、一〇歳ぐらいから別棟に入ったそうである。

孤児院での生活は厳しかった。先生方はよく怒った。嫌っていた子どもによく暴力を振るった。ケースも他の子同様よく竹竿《たけざお》で叩かれた。

そのうち喧嘩をするたび、仲間から日本人への蔑称「ヤパネス」「ヤパナー」、さらに卑下した「ヤパネース」の言葉を浴びせられ、馬鹿にされるようになった。「日本人のバカヤロー」である。日系二世であることを知らないケースは怒りを爆発させ、突進して行った。

一四歳。孤児院を出て、母親と継父のいるオランダへ渡った。

継父は元オランダ軍人。母親たちはケースより四年早くオランダへ移住している。母親はオランダで継父の子どもを四人生んだ。そのうちのひとりには障害があり会話ができなかった。ケースは異母兄弟の弟とは親しくなったが、二人の妹とは文化の違いからか、気持ちを通わすことができず、兄弟愛を知らずに成長している。家庭の温もりも知らなかった。「敵の子を産んだ」。母親は友人や周囲の人々から非難を受け仲間外れにされていた。それゆえ一言も実父の悪口をいわなかった代わりに、よいこともいわず、黙りつづけた。そんな母親の苦労を子どもながらにケースはつぶさに見ている。一九歳。妹にいわれた。「あなたのお父さん、日本人なんですってね」。驚かなかった。母親から詳しいことを聞いたわけではないが、いつの間にか頭のなかに「実父は日本人」と刻み込まれていた。「僕を捨てた父のことなんか、知ったってどうしようもない」。それ以上父親に特別な意識をもつことはなかった。

一四歳まで孤児院で育っていたケースが、国際的な仕事に従事するまでには不断の努力があったのだろう。経歴を見ると目標に向かって邁進している姿が見えてくる。

一九五八（昭和三十三）年オランダへ移住。小・中学校を卒業。航海技術を学ぶため入学した高等船舶学校を二三歳で卒業。その後、船舶会社に勤務し、助手技師として船上生活を送っている。七年後、主任技師となり船で何度か日本に来た。平戸、横浜、神戸、川崎の港に上陸。この間、スペイン人の女性と結婚、長女と長男が誕生。船舶会社を退職し、一九七五（昭和五十）年、オランダ外務省に勤務。政府の開発プロジェクトの技術アシスタントとしてタンザニア、ジャマイカなど発展途上国に派遣された。十五年が経った。疲れが出て仕事を辞め、何もしないでスペインで暮らした。このあとオランダでも少し働いたが、仕事になじめず、国連に仕事を求めた。ここで小規模開発のためのテクニカルマネージャーとしてインドネシア、チュニジア、エジプトなど各国をまわりはじめた。「宿泊所やトイレや事務所などの色々な設備の設計にたずさわるやりがいのある仕事でした」。最初の妻と別れてチュニジア人の女性と再婚。妻も国連で働くエンジニア。二人して社会に貢献できることに誇りをもって働いていた。


心境の変化があり、父親への興味が湧いてきたのは四〇代半ば。捜してみようかと思ったものの捜す方法を知らなかった。赤十字社に依頼を考えていた矢先、オランダの友人からアドバイスを受けた。「ちょっと待て。ＪＩＮという団体ができているらしい。最近その団体が載っている新聞を見たから、その記事を読んでからにしたら?」と。友人がもってきてくれたのは、前出したフレダー（第二章）が日本の父親と親子の再会を果たした記事だった。

ケースはＪＩＮの会員となった。時間の都合がつくときには会合に出席したが、すぐには本気になれなかった。そのため依頼状の提出は遅かったという。

内山には一九九六（平成八）年の後半に、ケースの依頼状を受け取った記憶がある。

この依頼状も空白が多かった。

〈父親の氏名〉＝〈姓〉が「ミサキ（仮名・ケースの記述している姓は誤認）」、〈名前〉は「トシハル」

〈父親情報〉＝〈戦時中、父親ミサキはスマランにいて、陸軍のひとり〉

わずかこれだけである。

〈父親、またはその家族にぜひ会わせていただきたいそうです〉

交流を希望している。

内山調査では「ミサキ」の勤務先の会社の人事文書を発見している。その「給与明細」のなかに、「妻帯手当」の欄があり、ここに金額が記入されていることに気づいた。それは家族を納得させる重要証拠だった。それでも念を入れ、名簿からピックアップした元同僚の人々に確認して歩いた。そこで「ミサキ　トシハル」が死亡していることを知った。調査はまる三年かかっている。

二世の兄を家族で受け止める

愛知県・瀬戸市。二〇〇〇（平成十二）年七月十六日、内山は「三崎敏治」の家を訪問した。最初の訪問は失敗。電話帳で調べていた家は同じ姓のいとこの家だった。が、いとこがその場で同地区にある三崎の娘裕美《ゆみ》の嫁ぎ先に電話をかけてくれた。

「今、家に内山さんという人が見えているけど、あなたたちのお父さんのことで話があるらしい」

受話器を取った裕美は、「お父さんのことで」と聞いて、慌てて車を出した。

裕美の婚家は、ネオンサインや看板の材料等の電飾資材卸の会社を営んでいる。会社のオフィスに内山を案内して話を聞いた。

このとき裕美は四八歳、一九歳と一七歳の子どもがいる。

内山は、最初に父敏治のジャワ時代の「妻帯手当」の載っている人事文書を見せた。それから依頼状の話からはじめ、ケースの希望を伝えた。

裕美は納得したかのような表情を見せた。

「有難うございました。私どもでは、父についての詳しいことはわかりませんが、薄々知っていたところもあります。このお話はみんなと相談しますから、少し待っていただけませんか」

決まり次第こちらから電話するという、よい感触を漂わせた返答があった。

父敏治が他界してから十五年が経つ。

裕美の心の片隅には一〇代のころから姿なき「父の子」が影を落としていた。その影がここでようやく姿を現し鮮明になった。現在の裕美は神経の細いナイーブな一面を隠して、自らを「物事を深く考えないタイプ」といってのける天性の明朗さと潔さを兼ね備えているが、このときは「さすがに抑え難い心の動揺がありました」と語った。

事実がわかって安堵した気持ちがあるとはいえ、一方で、その事実の重圧に押しつぶされそうになり、不安が渦巻いた。この事実を受け止めるには、内山の言葉を静かに反芻して過去を振り返り、そのあとゆっくりと未来を考えたかった。だが、嫁いだ身ではそんな悠長なことをいってもおれない。裕美は覚悟した。婚家の家族は五人。隠しごとのない明るい家庭だが、これまでに「父の子」の話をしたことはない。そこに隠すという意識がなかったのは、正確にジャワ時代の父親のことを把握していなかったからである。だが、明らかになった以上、夫にも姑《しゅうとめ》にも話さなければいけない。事実は事実として話すしかないが、家族のみんなは父親のことをどう思うのだろう、嫁の立場ともなれば肩身が狭かった。家族に相談する前に、弟に電話をかけた。石川県で一家を構えて暮らしている弟には心中を打ち明けやすい。

「オランダの方は、お墓参りと交流を望んでいる。日本に来てもらうとなれば、私とあなたが会うことになるわね。どう思う？」

最初、驚きの声を上げた弟は次第に冷静になって話を聞いたが、嫌ともよいとも何ら意見を述べなかった。その様子から一応弟は承諾したものと受け取った。

次に夫。夫にも話しやすかった。

「会ったらいいんじゃないの」

夫はいとも簡単に前向きな考えを述べた。

今度は姑《しゅうとめ》である。姑との関係はよかったが、今ごろになって、実家の父親のことで姑の心を煩わせてしまうことに申し訳なさがあり、裕美は緊張しながら、七八歳の姑に経緯を打ち明けた。

「会ってあげたらいいんじゃないの」

姑はあっさりと会うことを勧めてくれた。気持ちが軽くなり心から姑に感謝した。改めてよい家族であることを実感した。

この夜、裕美は自分の心と向き合った。戦後生まれの裕美にはオランダについて暗いイメージはなかった。戦後のオランダで日本への感情が悪化していたことも、二世たちが辛く険しい道を歩んできたことも知らなかった。オランダといえば『アンネの日記』が浮かんでくるが、これとて若いころ読んだ印象を記憶しているくらいのもの。むしろ画家のフェルメールやゴッホやレンブラントを生んだ芸術の国、牧歌的な美しい国という明るいイメージしかなかった。そのオランダに父親の子どもがいる、私の異母兄弟がいるのだ、と思うと、不安はあったもののどこか胸の高鳴るような高揚感も憶えた。子どものころから弟しかいない裕美にとって、兄は憧れの存在だった。その気持ちがよみがえってきた。「会ってみるのもいいかもしれない。私たち家族の人生も広がり、豊かになるような気がする」。すべてをプラス志向でとらえたのだった。

敏治は一九二〇（大正九）年、中国のチンタオ生まれ。

妻の道子（仮名）は一九三一（昭和六）年、瀬戸市で生まれている。

敗戦時、道子は一四歳。女学校時代は軍国主義から民主主義の大転換期に当たる。道子は自分の思考力のなさや主体性のなさに懊悩し、モーパッサンやトルストイなど外国文学を乱読しながら生きることの意味を考えた。ダンス教師の影響を受けてダンスが好きになったのも、心身を開放して楽しむことの素晴らしさに気がついたからだった。

女学校卒業後。知人に誘われ、進駐軍が来て以来林立したダンスホールにときどき通うようになった。道子はワルツが得意。同じダンスホールで踊っていた痩身の敏治もワルツが上手だった。ひとまわりも年上の敏治が、道子には洗練され、気遣いの行き届いた安定感のある大人の男性に映った。いつの間にか二人で踊るようになり恋に落ちた。

一九五〇（昭和二十五）年、結婚。道子が二〇歳、陶器製造販売の会社に勤めていた敏治は三一歳だった。一九五二（昭和二十七）年、裕美が生まれた。弟は一九五六（昭和三十一）年生まれである。

弟が誕生してから三年目、敏治は食器や大皿や花瓶などの陶器を製造販売する会社を設立した。道子は下絵を学び会社のデザイナーとなった。陶器は徐々に売れはじめ、名古屋の商社などが買い付けに来て諸外国にも輸出された。道子は諸外国の人たちが喜びそうな絵柄や色彩を絶えず研究し、デザイナーとしての腕を振るった。

裕美が物心ついたとき両親は会社の運営に追われ多忙な日々を送っていた。裕美には母親が明るくてふわふわとしたところのある女性に映った。父親は頑固で我儘《わがまま》だが、子煩悩に見えた。敏治は子どもたちを可愛がり大らかな気持ちで見守っていた。中学生のころ、裕美がベートーベンの第九のファンだといえば、年末には第九のチャリティーコンサートに連れて行ってくれた。裕美は女の子である自分に夢を抱いている父親を幼いころから感じていた。教育法にも敏治の考え方は反映されていた。それは成績よりも人間性の基本を養うことだった。そのせいかクラブ活動や友だちのつき合いに熱中しすぎる高校生の弟の様子を、叱るわけでもなく、大らかな目で見守っていた。弟同様、裕美も父親に尊敬の念を強くしている。

四人の家族は円満。ジャワ時代のことを敏治は家族に話さなかったが、仲のよい兄弟には話していた。敏治は四人兄弟の末、上に三人の姉がいる。東京に住んでいた仲のよかった姉（裕美の叔母）が、昔、自伝を自費出版していた。裕美は中学生か高校生のころ、その本を父親の書棚から取ってぱらぱらとめくった。そこにジャワ時代の父親についてふれた箇所があった。裕美が知ったのはこのときであるが、別に印象に残るほどのことはなかった。またあるとき、中国残留孤児のテレビを見ていた敏治がつぶやいた。「俺も捜さなきゃいかんかなぁ」。そばに母道子もいたが無言だった。そのうちこの言葉も忘れ去った。記憶のなかには「一生食べるぶんだけのお金は残してきた（＊終戦直後に父親がジャワを去るときのこと）」といった敏治の言葉もあるが、裕美はそれをいつどこで誰から聞いたのかも忘れている。

妻や子どもが、父親の秘密に「何となくふれ」「何となく忘れる」という日常が保てたのは、この家族に豊かな愛情と盤石な信頼のきずながあったからだろう。このことで敏治と道子の間に諍《いさか》いはなかった。裕美が父親を軽蔑することもなかった。

敏治は一九八六（昭和六十一）年、他界。享年六五。

翌年、五五歳の道子は二八年つづいた会社を閉じている。

内山と会った翌日、裕美は母道子に話をするため実家に帰った。このとき六九歳の道子は同地区でひとり暮らしをしていた。父親のことで傷つけたくないと気を遣ったものの母の顔を見るとひとりの娘にもどった。上手な物言いはできず内山からいわれたことを伝えたにすぎなかった。

「来てもらって。その方に、来てもらって」

母道子の返答は拍子抜けするほど明快だった。

裕美は、すごいな強い人なんだ、と母親の知らざれる一面をのぞいたような気がした。

道子も裕美と同じように生前の敏治のつぶやきを耳にしている。

「そのときは、私の知らないところで何かあったな、結婚でもしていたのかしらと、察するぐらいのことはありました。主人は私より一一歳年上。昔の人ですから私の知らないところで何かあっても仕方がないことです。すぎたことだものと思い、面と向かって訊くことはしませんでした」

仕事と子育てを両立させて忙しい毎日をすごしていた道子にとって、そうしたことを心に残したとしても、嫉妬に悩んだり、不要な詮索をしたことはなかった。それは、「家庭に波風立ててまで知りたいほどのことではなかった」からだという。

何もないところからはじめた戦後の生活は厳しかった。が、社会全体が貧しさのなかからの出発だっただけに、道子には人並み外れた苦労をしたという自覚はない。夫婦二人三脚で盛り上げてきた会社には浮沈もあったが、敏治を信じて生きた人生に満足をしていた。

このとき躊躇なく「来てもらって」と答えたのは、「亡くなった主人の子どもが会いたいというのですから、これも何かのご縁だと思いました。「ご縁ですもの」と受け入れたのは「人生は考えすぎないこともまたたいせつ。考えることはよい方へよい方へと方向づけていかないと、幸せを逃すことがあります」という独自の人生哲学からだった。視点を変えれば、夫であり男としての敏治のすべての生き方を、道子は妻としても女としても大らかに受容したことになる。

家族の意見がまとまり、裕美は内山に「写真」「墓参」「交流」の承諾をしたのだった。

兄と妹の交流が結実

調査の結果はすぐＪＩＮに伝えられた。それからケースと裕美の文通がはじまった。手紙を翻訳したのは、友人が紹介してくれた前出の福岡県・水巻町のラルフ・シュリオックだった。

ケースの最初の手紙には、依頼状になかった丁寧な自己紹介があった。文末に〈私は日本を訪れたいと思っています。それが可能であるか不可能であるか知らせていただけませんか。（略）。あなた方からの連絡を楽しみにしています〉と対面の相談が記されていた。

裕美はすぐに〈来日を楽しみにしている〉と返事を送った。

だが、二人の仕事の都合でなかなか予定がつかず、三年が経過した。ケースが妻をともない名古屋空港へ降り立ったのは、二〇〇三（平成十五）年一月三十一日のことである。

仕事のため迎えに行けなかった裕美と弟の代わりに、英語のできる二二歳の裕美の娘と、イギリスの留学経験があり大学で英語を学んでいた娘の友人が、飛行場まで迎えに行ってくれた。

裕美と弟は名古屋市内のホテルのロビーで待っていた。通訳としてラルフも駆けつけている。裕美は嬉しさと不安をかかえ、初対面の挨拶はどういうふうにするかしら、どんな言葉をいえばよいのかと、とりとめのないことを考えていた。

娘たちと一緒にケース夫妻がホテルに到着した。

ケースは「ハーイお久しぶり」といった調子で、にこやかに握手を求めてきた。抱擁や感激で熱い涙を流すといった劇的な挨拶がなかったことにかえって驚いたが、裕美はアッと思った。お父さんに似ている。晩年の敏治は太っていたが、若いころはこんな様子だったはずだと思った。どこか懐かしさがあった。

一見、誰の目にもごく普通に映っていたケースの態度には、世界各国の人々とともに仕事をしてきたなかで身に付いたフレンドリーな一面がおのずと出たにすぎず、本心は違っていた。

「みんなに会うまではちょっと戸惑うような恥ずかしさがありました。温かく迎えてくれたお陰で優しい人たちだなと思い、みんなが胸にすっと入ってきた。僕はひじょうに照れていました」

予定ではすぐに墓参に行くことになっていたが、それを押しとどめるようにケースがいった。

「お父さんのことを聞かせてくれないか」

そのため予定を遅らせ、ティルームに入って話をすることになった。父親の人となりを知りたい、理解したい、と必死で思いつづけていたケースは、席に着くなり矢継ぎ早に質問した。

「父さんは、戦後、帰国してからどうしていたの?」「仕事は何をしていたの?」「子どもにたいしてどんな父親だったの?」「趣味は何?」「食べ物は何が好きだったの?」「お酒は飲んだの?」

裕美は一つひとつの問いに答えた。その言葉にケースはじっと聞き入った。語られる父親の姿に自分の姿が重なってくる。父さんは芸術が好きだったんだ。音楽が好き、絵を描くのも好き、写真を撮るのが好き、魚が好き、衝動的なところがあるって? なるほど僕にもそういうところがある。そうすべて同じ。父さんと僕は似ている、そっくりなんだ。共通点が確認できたケースは心底安堵した。最後に「写真を見せて欲しい」といった。

裕美が持参していた父親の若いころと晩年の写真とを見て、ケースは驚いた。

「ヘエー、若いころの父さんって、ハンサムだったんだね」

写真を見るとさらにイメージが膨らんでくる。のちに帰国した彼は、母親に「父さんがあんなにハンサムだったとは知らなかった。母さんが惚れたのもわかるよ」と伝えている。母親は笑っただけだったという。ケースは父親の顔を脳裏に焼きつけ、人となりを理解して父親を誇りに思ったのだった。

墓地では、母道子と裕美の夫が今か今かと緊張しながら待っていた。

みんなが揃い焼香がはじまった。墓前でぬかずくケースに涙はなかった。

裕美の目には淡々と振舞っているケースが映っている。

しかし、ここでもケースの心中は違っていた。嬉しさと同時に悲しみと怒りが込み上げてきた。

「なんでもっと早く捜さなかったのか。父さん、僕が悪かった、と僕は自分を責めていました」

幼いころから他人に甘えず自力で生きることを強いられてきたケースが、生きる鎧《よろい》を脱ぎ捨てて初めて父親と向き合い、子どもとしての情愛が湧き起こった瞬間だった。思いは表情に出なかったが、ケースの心は涙で濡れていたのである。

そのあと食事をするため市内の和食料理店へ行った。料理を囲んで和やかな雰囲気になった。

ケースは和食が好きだった。

「こんなに美味しい料理は初めて」

といいながら、上手に箸を使って食べた。

母の道子は多くを語らないでにこやかにケースを見ていた。「よく似てるわ」。ダンスホールで出会ったころの青春時代の敏治の姿がよみがえってくる。若いころのお父さんはもっと細身だったけれど、体つきや身のこなし、ちょっとした所作は生き写し。よく気がついて温かく、気さくな性格も似ている。やっぱりお父さんの子ね。自分の胸のなかだけに生きつづけている懐かしい思い出を抱きしめるように、道子は心のなかでケースを抱きしめていた。

ケースは道子の人を包み込むような優しい眼差しを感じていた。

「父の奥さんに、僕は母親のような感情をもちました」

何もかもが想像以上の素晴らしい出会いだった。

「裕美にたいしては異母兄弟ですから、出会う前は、半分の血しか同じではないと思っていたのですが、出会ったときから異母の意識はなかった。真の妹だと思いました。弟にたいしても同じです。こうした気持ちに自然になれたのが自分でも不思議です。心から感激しました」

インドネシアの孤児院からオランダへ渡り、異父兄弟となった継父の子どもたちと作っていた家庭。

その異母兄弟から受けてきた視線と、同じ異母兄弟であっても、日本の裕美や弟たちの視線の違いがはっきりとわかる。何の偏見も宿さず恥じらいながら真っ直ぐ見つめるその目に、柔らかいものを湛え、全身から喜びを表現している裕美や弟に、ケースは人間としての溌剌としたエネルギーを感じとり、吸い込まれるようにして家族の温かさを胸に刻み込ませたのかもしれない。

裕美には承諾してから会うまでの三年という歳月は長かった。その間不安が増大していた。しかし、会えてよかった。

「父が、私たち異母兄弟を引き合わせてくれたように思えてなりません」

すべてのできごとが大好きだった父敏治へとつながっていく。兄ケースと出会えたことを、裕美は心から父親に感謝していたのである。

取材中、ケースは「日本滞在中に、僕は一度も涙を出しませんでした」といい通したが、これは普段あまり涙を見せないという意味で、強がっているのか。裕美によれば、ホテルの部屋に案内したとき、ケースが泣いているのを見たという。

ケース夫妻は、翌日と三日目を名古屋の市内観光に当て、四日目に帰国の途についている。

第七章　ボランティアの歯車のズレ

オランダと日本。海をへだてて真摯に取り組んでいるボランティアでも、物事が始終円滑に運ぶとはかぎらない。これまでときどきふれてきたように、両国間では大小様々な行き違いが出ている。その歯車のズレが大きくなり、ついに亀裂という最悪の状態を生んでしまったことがある。それは初期のできごとだった。

「財団法人櫻」結成

ＪＩＮを脱退したメンバーにより「財団法人櫻」が創設されたのは、一九九五（平成七）年三月二日。内山とヒデコが出会ったその年の春である。

会員制のＪＩＮにたいして櫻は財団法人としてスタートした。運営は基金（献金）。会の決定権は委員のすべてがもつ。両者の活動内容は類似しているが、あえて差異を挙げるとすれば、櫻が全面的に〈捜し〉を打ち出していないところか。優先させているのは、「互いの交流・理解を深める」「戦争被害者としての日系二世の承認・認証を獲得するための支援」「心的外傷（トラウマ）治療と父親捜索に関する積極的な助言や支援」というように二世へのケアと社会活動である。もちろん〈捜し〉も受け付けて内山に依頼状を送っている。理事会の役員は四人。会長は前出のリシャード・ホルクマン。会員と連絡を取るなど調整役を担う書記には前出のクラウディネ・メイヤー。他の二人の理事は〈捜し〉の担当者と、大使館との交渉や日本旅行の責任者の役割を果たす担当者で構成されている。あとボランティアが二人。このひとりがオランダ人と結婚して二人の娘をもつ綿貫葉子（葉子・ハュス・綿貫）。一九五九（昭和三十四）年生まれ、大分県出身。子育てと訪問介護・看護の仕事を両立させながらの支援で、依頼状を日本語に訳している。

櫻を交えてオランダ側と日本側の新たなボランティアのレールが敷かれたのは、かなり後のことになるが、そこには櫻と内山の対立が原因していたのである。

ＪＩＮの分裂に心を痛めていたヒデコは、櫻の結成を快く思っていなかった。ヒデコを心配するサレミンク神父も不快な感情を露わにした。二人にたいする内山の信頼度は高い。

「父親を捜するのは一つの団体の方がやりやすい。一本になってもらわなきゃ困る」

内山は〈捜し〉の実践者の立場から「二団体では連絡が困難になる」という理由を挙げ、一本化を強く主張しはじめた。すでに機能している櫻から、依頼状を受け取りながらも、櫻の存在を認めなかったのである。

櫻の理事会のメンバーは手紙や電話で再三内山に活動の説明をした。あるときには関イ連の会長加藤恭雄に手紙を託して届けてもらったこともある。だが、進展はなかった。

「どうして内山さんはわかってくれないのだろう」

内山には活動の恩着せがましさなどいっさいない。単によかれと思って主張しただけだが、熱心に語れば語るほどそれは逆効果となった。櫻にしてみれば内山は日本で唯一頼れる人、特別の存在である。それだけに内山の無理解な言葉は頑固《がんこ》、狭隘《きょうあい》な心としか映らず、理事会をはじめ会員たちに大きな抑圧となって覆《おお》いかぶさってきた。

こうしたとき大問題が浮上した。

櫻から依頼された〈捜し〉の調査は進み、経済界の大物が父親であることが判明した。知名度のある父親をもつ家族が、世間体を気にして拒否するケースは幾度となく体験している。内山はいつもより慎重に構えた。こんな場合、外国人の神父がいた方がよいのかもしれない、と考えて京都のサレミンク神父を訪ねて相談した。神父は「資料を揃えて丁寧に真実告知をしましょう」といって快諾してくれた。近いうちに訪問しようということになったが、日時までは決めていなかった。

そこへ家の電話に、突然、ある社会福祉サービス団体から電話が入ったのである。

「あなたが捜しているお父さんの件は全部こちらで引き受けました。これからあなたは、この調査に関わらないで下さい」

驚いた。この件では調査結果のすべてを櫻に報告し、入手した父親の写真も送っている。にもかかわらず、今になって知らないところから中止の連絡がきたのだ。時間が経つほどに、二世とその社会福祉サービス団体への疑念がつのってくる。怒りが膨らんだ。汗水垂らして小さな結果を積み上げてきたこの調査を、無断でしかも途中から一言の相談もなしに他の団体に依頼するとは何ごとか。内山は櫻に確かめることなく物事を悪い方へと考えはじめた。挙句の果て、膨らんだ疑念は勝手に頭のなかでストーリーを作り上げて増幅し、この社会福祉サービス団体は興信所ではないのか、と疑いをもつようになっていた。電話で怒りが爆発した。

「私は常々、金銭が目当てと思える二世の世話はするな、とサレミンク神父からいわれている。この機関は何だ！　莫大な費用をかけて興信所に依頼するのは、二世が遺産相続を目当てにしているからではないのか」

櫻に激震が走った。

理事会のメンバーはまったく知らないことだった。急遽、その社会福祉サービス団体を調べた。この団体は本部をジュネーブにおく非営利団体で世界一八カ国に支部（当時）をもつ、国際社会で多大な貢献をしている機関だった。興信所ではない。

理事会は苦しい立場に立たされた。真相究明のため依頼主の二世から事情を訊くことになった。二世はオランダの他の団体から同社会福祉サービス団体のことを聞きつけ、櫻に黙って依頼をしていた。その理由は内山から途中経過として届いた報告書にあった。知名度のある父親に会うのはどんな方法があるのかと思い煩っていた内山は、その様子をこんなふうに書き送っている。「今後の対策を思案中です」と。前向きな気持ちと現況が理解できるきわめて常識的な文言であるが、これを二世は、「内山さんはもう何もしてくれないだろう」と自己流に解釈して不安を抱いた。父親の写真が届いていただけに喜びは大きく、一日も早く日本の異母兄弟に会いたいという気持ちが急《せ》いて依頼したのが真相だったという。それは、依頼状をもとに〈父親捜し〉がどのように実践されているのかをまったく理解していない身勝手な行動といわざるを得なかった。

理事会のメンバーは反省した。真相と謝罪を文書にして内山に送ったが、返事はなかった。櫻を認めようとせず怒りをもったままの内山の態度は、理事会のメンバーに疲労感を与えるばかり。関係は冷え込んだ。ついに櫻は、内山に依頼状の返却を求め交流を断つことにしたのである。一九九八（平成十）年七月のことだった。

断絶状態はまる五年。父親たちの生存状況を推察してみても長いといわざる得ない歳月だった。

この間、櫻と内山はどうしていたのか。

〈捜し〉の協力者を失った櫻は、日本で別の協力者を捜す努力をしていたが、協力者は現れなかった。一方、調査を中断して依頼状を櫻に返却した内山は、一部コピーをして手もとに置き、調査をつづけていた。一例。理事のひとりクラウディネの父親「コオロギ　ヤスオ」の〈捜し〉は長崎、東京、宮崎へと三回、千葉の調査もして二年を費やしている。それでも父親の消息はつかめなかった。依頼者のクラウディネとは面識がない。彼女にこだわる理由が何一つないことを考えると、「コオロギヤスオ」の調査経過が意識のなかで途切れず、現場へと駆り立てられていたのだろう。継続していたＪＩＮの調査に合わせて各地へ出掛けている。

関係が修復するのは二〇〇四（平成十六）年六月。きっかけは前出のオランダ在住、ＪＩＮと櫻の両団体の相談役の立場にあり、自らも〈捜し〉の実績をもつ難波収が帰国した折、内山と会って談笑し、理解を深めたからだという。それから櫻の依頼状が届くようになるのである。

関係修復・再スタート

修復時、内山は櫻で翻訳を担当している綿貫にこんな電話を入れている。

「日本語のわかる人が窓口にいてくれて、百万の味方を得た気分です。よろしくお願いします」

綿貫は呆気に取られた。断絶状態に入る前の内山の厳しい言葉を受け取り、櫻の理事会に取り継いでいたのが綿貫である。受話器から聞こえてくるその言葉は、内山の言葉とは思えなかった。

ところが、「百万の味方を得た気分」は内山の本心だった。何かにつけて始終ネックとなっていたのが言葉だからである。

現在、内山は当時櫻を困らせるほど硬化した態度を見せつけたことや激しい言葉を投げつけたことなどすっかり忘れ、「百万の味方を得た」の感謝の言葉しか記憶にない。なぜか。不思議に思って当時の周辺を調べてみた。

断絶していたまる五年は、健康を自負していた内山が体調を崩していた時期に当たる。年齢でいえば七四歳から七九歳。このころも多忙な生活を送っていた。

七五歳の九月、内山はＪＩＮの招きで都合八泊のオランダ旅行に出かけている。会員たちは日替わりで車を出し、アムステルダムの街を中心に、運河めぐりやライン河、チーズ工場、木靴工場、大温室花畑などの観光地へ案内した。このとき内山は、ＪＩＮの会員に調査の現場報告をし、個人面接で依頼状の補充を求めている。国立戦争資料館に出向き二世たちに情報入手の要請もしたのであった。

頻尿気味になっていたのは前年の七四歳のときだが、オランダから帰国した直後、近くの病院で前立腺癌の疑いありとの診断が下された。大きな病院で再検査をすると非癌性が確定。だが、癌がなくとも肥大部分の切除をと願い出て、紹介されたさらに大きな病院で手術に臨んだ。手術は二回、三十日間入院している。結局、五年間の通院の間、白内障で入院した二週間と、その一月後に前立腺で三十日間入院していたとき以外は、〈捜し〉をつづけていたのである。

櫻との関係の修復が二回目に入院した翌年に当たっていることから、このころは身体的な面で集中しきれないものがあったのではないか、と推察できるのである。

修復時に〈捜し〉の態勢は刷新された。内山八〇歳。

当然両者で話し合いがもたれたが、その話し合いは電話とＦＡＸと手紙で行われている。

櫻から経費の相談があったとき、内山はこう返答した。

「家族に到達した人のみ一律五万円」。このことは「家族に不到達」、つまり家族が見つけられなかったときには、目的地へ着くまでにかかった費用、ならびにすべての経費は不要という意味である。ＪＩＮも同じ条件にした。この条件にしたのは、サレミンク神父を通して請求書を出していたものの「支払われる金額はどんぶり勘定が多く、ときには二世から一〇〇ドル紙幣一枚を同封した手紙が送られてきたこともある」という理由からだった。

依頼状も改善された。ほぼ同時期からＪＩＮも同じ書状を使用するようになっている。現在届いている書面内容はこのときに作られたものである。他に改善されたことは、日本側の窓口がルカ神父（故サレミンク神父から引き継いだ神父）のいる京都の「フランシスコの家」から内山宅に代わったこと。依頼状が日本語訳で届くようになったからである。ちなみにＪＩＮ・櫻とも連絡先は会長職（または理事）の人の自宅。日蘭いずれも〈捜し〉に関する専門の事務所というものはない。

それにつけても両国のズレはどこから生じてくるのか。原因の第一はコミュニケーション不足が挙げられる。〈父親捜し〉という、これほどだいじな依頼を会員から託されながら、日蘭の実践者同士が一度も同じテーブルについて話し合ったことがない。さらにはオランダの首脳部の人たちが〈父親捜し〉の五つの実践活動を理解していなかったことが大きな原因といえるだろう。

ただ〈捜し〉が社会の片隅で人知れず行われてきたことを考慮すれば、やはりコミュニケーションの欠如は、言葉や文化の異なる遠い国同士ならではの運営の難しさということになろうか。

両国のコミュニケーションの欠如が招いた典型的なケースをここで紹介しよう。

大きな誤解

「内山さんは信用ならない。その取材者（＊筆者のこと）も信用できない」

叔母幸子の家に遊びに来ていた三世のヘンク（仮名）が、こう息巻いて当取材を真っ向から断ったのは、二〇〇八（平成二十）年八月、猛暑の日のことである。

このヘンクの言葉は、叔母からの電話で知った。

叔母によれば、ヘンクは内山の名前を出しただけでヒステリックに怒りはじめたという。叔母に取材を申し込んだ矢先のこと、タイミングがよかった。叔母の取りなしがあって、翌日靖国神社へ参拝に行ったヘンクを追った。背が高くてハンサム、子どものいる好印象のもてる三七歳の父親だった。夜、叔母に電話をして頼んだ。「内山さんのどこが信用ならないのか、訊いていただけませんか」。数日後、叔母から返事が来た。ヘンクは「内山さんはお金だけ取って、何もしてくれなかった」といったそうだ。当時はＪＩＮに経費の実費請求がなされていたころ、お金とは経費を指している。これがヘンクの一〇〇パーセントの誤解であることはいわずもがな。興味が増大したのはその誤解がどこから生じたのかということである。

第六章で紹介した青森県・八戸市の「ササカキ　カツミ」＝正しくは「笹垣勝蔵《ささがきかつぞう》」

この依頼状を書いたのが、勝蔵の孫・三一歳のヘンクだった。

ヘンクの母シルビアは、「日本の父に会いたい」と切望しながらも病気で亡くなった。母の願いを適《かな》えるため、ヘンクはＪＩＮに入会した。依頼状を書く際、祖母のローズから教えられた通り、祖父の氏名を「ササカキ　カツミ」と記入し、提出したのだった。

当然、依頼状は誤認だらけ。〈父親の氏名＝ササカキ　カツミ〉〈父親情報＝ササカキは獣医でした。インドネシアにおいて日本軍の将校（士官）で、スマランで野営した。その軍服は緑でした。ササカキはスマランのカッシパクラアンに住んでいたローズ（仮名）と婚約していた。ササカキはローズの妊娠を知っていた。女の子が生まれたときのために「ミチコ」の名前を残した。ササカキは女の子が生まれていることは知らない〉と記されている。

内山による〈ササガキ　カツミ〉の机上調査では、偶然が重なった。この時期、前出のインドネシアの旅行中に頼まれたヒンの〈捜し〉を続行していたことから、ときどき市民抑留所関係の名簿を開いて見ていた。『爪俘会《じゃふ》』（『ジャワ俘虜収容所勤務者戦友会』の略称）の名簿に「ササガキ　カツゾウ」の名前があった。依頼状のキーワードは〈スマラン〉。「ササガキ　カツゾウ」が勤務していた場所と一致した。ササガキはスマラン周辺の抑留所に勤務していたのだ。念のため、名簿に氏名の記載がある在大阪の人、在熊本県の人、在北九州市の人と三人を訪ねて確認している。

前述したように内山が笹垣家を訪問したのは、一九九八（平成十）年六月二十四日のこと。ところが、日本での〈捜し〉の実情など知らないヘンクは不満をつのらせていた。「ちっとも祖父を捜してくれない」。不満はJINの退会にまで発展した。在籍はわずか十八カ月である。一九九六（平成八）年春から九七（平成九）年秋にかけてのことだった。ちなみにこの時期、内山は右に書いたように机上調査と現場調査を兼ねながら東奔西走している。

退会後のヘンクは、祖母ローズと一緒に、在オランダの日本大使館やオランダ王国大使館に行って「ササカキ　カツミ」捜しを要請した。イギリスの戦争資料館や色々なところにも調査に出掛けた。あるとき、日本大使館の職員から、防衛庁の図書館で調査官の肩書をもつ川野晄明《てるあき》を紹介された。ヘンクは川野に手紙を書いた。その手紙を受け取った川野はあちこちに電話して捜し、結果を英文の手紙にして返答していた。内容は〈スマランにいた日本軍人の数人と連絡を取りましたが、カツミ・ササカキを覚えている人はいませんでした。関イ連の会長加藤恭雄の住所を教えますから尋ねて下さい〉（平成九年十二月八日付）。ヘンクは川野の親切さに感激した。川野の調査はつづいた。翌年川野はヘンクに二通目の手紙を送っている。〈私は関イ連の会長の加藤さんに、電話で問い合わせましたが、残念なことに彼は知りませんでした。日本軍隊員名簿のコピーを同封しますので、あなたがチェックして下さい〉（平成十年二月十二日付）。ヘンクとローズは川野への信頼を深めた。お礼として万年筆、ボールペン、家族の写真などを贈っている。

一方、内山は前述したように、六月二十四日（平成十年）に笹垣家で勝蔵に会っている。そのあと勝蔵はすぐローズに宛ててペンを取った。この手紙が「六月二十九日付」である。重複するが、この手紙は、内山からローズに送って欲しいということで内山宅に送っている。そこにはこうある。

〈あのころは一番悪い時節《ママ》でした。お先真っ暗、何も信じられないときですから、ただただ私の心を慰めてくれたのはローズでした。振り返りますと、本当にローズには申し訳なかったと謝罪の念を深めると同時に、感謝しております。（略）今、私は病気をし医者なしでは生きてゆけない体になっています。孫さんたちのご招待の様ですから、オランダに行ってみたいのは山々ですが、ご期待に添えなくて残念です。お許し下さい。また、娘シルビアが亡くなり誠に残念です。ご冥福をお祈り申し上げます〉（本文より抜粋。原文ママ）

内山はこの手紙を短くリライトして翻訳に回した。勝蔵からは二通目の手紙も届いた。それは右の手紙から一週間後の「七月六日付」である。二通目の文章量は一通目の倍はある。内容は一通目の手紙を少し詳細にしたもので、亡くなった娘シルビアへの追悼の意、ローズへの謝罪と別れたあとのジャワでの行動、復員後の結婚のことなどが綴られている。勝蔵の人柄を感じさせる素直で温かな文面である。そこにローズに来日をうながす下りはない。

ヘンクの頭のなかでは、川野の「十二月八日付」の手紙と翌年の同氏の「二月十日付」の手紙、それに笹垣家を同年「六月二十五日」に訪問した内山の情報と、この勝蔵の「六月二十九日付」と「十二月八日付」の手紙とが混乱したようである。

それにつけても、ＪＩＮがヘンクに「笹垣勝蔵」のことを知らせたのはいつなのか。時間を照会してみると、それは彼の退会後のことになる。それゆえ退会しているヘンクは、ＪＩＮから送られてくる情報を川野の尽力の賜物と思い込んだ。そのため川野は偶像化され恩人となった。そう思い込んでいるとき、ＪＩＮから内山調査の請求書が届いた。「内山さんは何もしていないのに、経費だけを請求して」と、不信感をつのらせて憤ったのは、こうした経緯があってのことだろう。

取材で明らかになったこれらのことを、真っ先に叔母の幸子に電話で伝えると、叔母はその場で誤解を認め納得した。それからオランダに帰国していたヘンクにメールで事実を伝えてくれた。川野には私の方から報告した。いっときでも〈捜し〉に携わりその困難を知っているだけに、川野は内山調査に感動し、その活動を賞賛したのであった。

この一件は思い込みの強いヘンクを責めるより、ＪＩＮの伝達法が徹底していなかったための大失態といえるだろうが、のちに起こる騒動は別として、結果的にはＪＩＮのお手柄となった。

なぜならヘンクが退会した時点で、ＪＩＮがそれを内山に知らせていたのなら、ただちに調査はストップした。ぐずぐずして連絡を怠っていたせいで調査は続行された。笹垣家への訪問はヘンクの退会から十カ月後のことである。その後、内山は勝蔵の手紙の翻訳などの手配をしている。

幸運をつかんだのはヘンクとローズ。内山調査がなければ、この孫と祖母は、戦時中のジャワには不在の「ササカキ　カツミ」なる架空の人物を、生涯追い求めることになっていたからである。

勝蔵の生存と所在がわかって喜んだのはローズであろう。「コニバ」を慕うツルースのように、依頼状を書いた二世や三世より現地妻の気持ちの方が男性への思いは熱い。それを証明するかのようにすぐさま日本へ飛んできたのはヘンクではない。ローズだった。

笹垣勝蔵についてはポイントのみを前述してあるが、内山訪問時、勝蔵が内山を部屋に入れ、妻と一緒に話を聞いているのは、偶然ではなかった。勝蔵は復員してから十カ月後に、見合相手のひで子と結婚している。見合いのとき、ひで子にジャワの現地妻のことを正直に打ち明けていた。それゆえ妻と一緒に話を聞いている。

亡き勝蔵の人となりを、六〇歳の娘幸子は「短気で無口だったけれど、筋の通った男っぽい人で、心根は優しかった。父のことを私は好きでした」と語った。他界した勝蔵の若いころの写真を見ると、目元や口元には意思の強さが現れ、体全体から生活力旺盛なパワーがみなぎっている。

勝蔵は一九一七（大正六）年十二月五日、八戸生まれ。四男三女の七人兄弟の末であるが、勝蔵だけは、父房吉と寡婦となっていた女性との間に産まれた子、六人の兄弟とは母親が違う。幼いころ勝蔵に勉強を教えた長男の子ハルは、勝蔵の姪に当たるが、年齢は二つ上になる。

父房吉は農業を営む一方、今の不動産業のような仕事をしてあちこちに広大な土地を所有していた。子どもは家の労働力と見なしていた時代に、勝蔵を高等小学校に行かせているところを見ると、房吉はわが子をわけへだてなく可愛がったようである。

二〇歳、勝蔵は召集された。幸子が青森県健康福祉部健康福祉政策課から取り寄せた『軍歴証明書』（兵籍簿の呼び方も）によると、一九三九（昭和十四）年二月、二一歳で、荷物の運搬や設営作業をする輜重兵《しちょうへい》二等兵として中国の太原《たいげん》へ到着、同地付近の警備についている。開戦年の十一月、電信第一五連隊第二中隊に編入し、北京を出発。翌四二（昭和十七）年七月、ジャワの現ジャカルタに上陸。直後バンドン付近の警備通信として勤務についた。九月、兵隊の任務を解かれ現地除隊しているが、日本へは帰らなかった。「これからジャワで暮らす。一生故郷へは帰らない」。勝蔵はジャワから、長男の福蔵や姪のハルに宛てて、こうした手紙や葉書を送っている。

現在、手紙や葉書は紛失しているが、内容は親族の記憶に残っていた。

九四歳のハルは当時のことを「勝蔵さんが自分でそう決めたのであれば、それもよいと思った」という。家族も同じ思いだったろう。現地除隊となった勝蔵はそのままジャワ軍政監部臨時雇員《こいん》に命ぜられ、警察官となってスマランのバンコン抑留所に勤務。勤務先は一カ所ではなかったようだ。勝蔵の勤務した収容所はローズの家の隣にあったらしい。依頼状にはこの地が「カッシパクアラン」と記されている。

ローズと婚約したのは一九四三（昭和十八）年。独身の勝蔵二六歳、ローズ一九歳。

敗戦後の復員は、一九四七（昭和二十二）年二月二十日のことである。

そのころの勝蔵の言葉をハルの末弟・八七歳の茂美は記憶していた。

「勝蔵さんが復員して来たとき、私は二五、六歳でした。勝蔵さんは『ジャワに子どもがいたけれど、敗戦で妻子をおいて帰って来た。たくさんの金品を渡して来たよ』といっていました。勝蔵さんが話されたので、親戚の多くはジャワのできごとを知っていたと思います」

ローズ来日の折、勝蔵を取り巻く親族は協力的だった。二世のことは親戚には知られたくないという交流家族がほとんどだが、この一族のオープンな姿勢は際立っている。

ローズは敗戦後の一九四六（昭和二十一）年七月二十五日、女児シルビアを生んだ。

オランダ移住は一九五一（昭和二十六）年。娘シルビアは三人の子どもを残して病死。享年三八。

現地妻の押しかけ

この騒動は、一九九八（平成十）年八月七日、夜の八時をまわったころからはじまっている。

八一歳の勝蔵は珍しく東京・八王子に住んでいる娘の幸子に電話を入れた。ジャワでのできごとは妻のひで子に話してはいるが、娘の幸子に語ったことはない。

「いきなりで申し訳ないが、父さん、昔、ジャワでローズという女性と暮らしていた。妊娠していたことは知っていたが、その後、女子ができたことは知らなかった。お前の姉に当たるが、この子は亡くなったそうだ。もう一カ月もすれば、オランダからそのローズが、八戸に来るという知らせを受けた。お前にも世話になるかもしれないから話しておく」

このとき勝蔵が「もう一カ月もすればローズが来る」といったのは、七月に来たローズからの手紙によるものだった。ローズは、ＪＩＮに送った内山調査の報告書により、勝蔵の「氏名」と「八戸の住所」、それに勝蔵が健在であることを知った。誤解していたのはヘンクと同様、内山やＪＩＮのお陰であることを知らず、直接勝蔵に手紙を送っている。そこに「一カ月後におうかがいする」と記していた。英文のわからない勝蔵は高校で英語の教鞭を執っている甥の斎藤潔に読んでもらった。「どうぞお越し下さい」という返事も頼んだ。それゆえ勝蔵の頭のなかには「一カ月後」が刻まれていた。斎藤にも刻まれている。このローズからの手紙を、勝蔵は内山に報告していなかった。

娘の幸子は保育園に勤務する看護師。英語は堪能。仕事があるため八戸には帰れないことを伝えた。それでも宿泊先と通訳のことが気になった。

「そうだな。八戸のホテルで泊まってもらおうかと思っている。通訳は、潔にお願いしてある」

「それで、ローズさんのお迎えはどうするの?」

幸子がこういいかけたとき、電話の向こうの勝蔵の声が一オクターブ上がった。

「アッ！　来た、ローズが、幸子、ローズが来たよ！　電話を切るからね」

勝蔵が玄関に出ると、そこにローズと四〇代半ばの男性と妻のひで子の三人が立っていた。

前日の六日にローズたちは成田国際空港へ到着し、付近のホテルに泊っている。そしてこの日、八戸駅に来てタクシーに乗り、運転手に勝蔵宅の住所を見せて案内してもらった。勝蔵の家は大通りから小道へと曲がった数軒目にあるが、ローズにはどの家かがわからない。庭先でうろうろしていたところへ、妻のひで子が外出からもどってきたのである。

相談もなく来日を早めたローズに、勝蔵とひで子は仰天した。「一カ月後におうかがいする」の「一カ月後」をまさか八月上旬の七日とは思わず、同月中旬か下旬と想定していたからだった。

突然の訪問となると準備に大わらわ。二階は三部屋ある。右目が失明寸前になっていた勝蔵には背骨の疾病もあり、歩行困難な状態だったことから養生をかねて一部屋を使い、妻のひで子は隣部屋を使っていた。急ぎ二階の空室となっていた部屋をローズと男性に提供した。ふすま一枚で仕切られたこの二階でみんなが住むことになった。

すぐに勝蔵は、通訳を頼んでおいた斎藤潔に電話をしたが、不在。ヨーロッパ旅行へ出かけていた斎藤はこの夜遅く帰宅している。通訳のいないこの夜は意思の疎通が図れないため、勝蔵夫妻とローズたちは互いに顔を見合わせてにっこりするしかなかった。

このときローズは七四歳、大柄で色黒。夫は他界していたが、夫との間に九人、勝蔵の娘シルビアを入れると一〇人の子どもを生んでいる。当時の仕事は判然としないが、のちにオランダのローズの家を訪れた幸子はその生活ぶりをこう語った。「果てしなく広がる牧場をもっていて、他に何か事業もしていた。住居も大きく暮らしは裕福でした」。ローズの同伴者である男性のことを「家で雇っている人、愛人です」と説明した。

翌日、勝蔵は甥の野田稔を呼んだ。ガラス関係の仕事をしている野田にも言葉はわからないし、通訳の心当たりなどあるはずもない。

困り果てた勝蔵は内山を思い出して電話をした。

「通訳がいなくて困っています。何とかお知恵を貸していただけませんか」

いきなりのことで内山も仰天した。どうしてこんな事態を引き起こしたのか。まったく理解できなかったが、理由を訊く暇がないほど事態は逼迫している様子。内山はすぐに八戸市役所の総務課や国際交流班に電話をし「インドネシア語かオランダ語の通訳をしてくれる人を捜してくれませんか」と依頼した。

ローズたちは家でただじっとして一日をすごした。そんなとき斎藤潔から「旅行から帰った」との電話が入った。八月九日のことである。勝蔵は斎藤にすがりつくように頼み込んだ。

「オランダから客が来た。潔、言葉ができなくて困っている、すぐ来てくれ」

切羽詰まった勝蔵の物言いと、ローズが予定より早く来日していることに驚いた斎藤は、急いで勝蔵宅へ行った。とにかくローズのスケジュールや来日目的を訊かなくてはならない。斎藤はローズに会うと英語で話しかけた。だが、どんなに話かけてもローズはふんふんと聞くが返答をしない。通じないのか、いやそうではないだろう。斎藤はその様子を見て不思議に思った。ローズが通じない振りをしているように見えた。

斎藤は勝蔵から内山のことを聞いてＦＡＸ（八月九日付）を入れた。

「ローズさんと言葉が通じないのでみんな困っています。滞在予定もわかりません。わかっているのならお知らせ下さい」

折り返し内山から斎藤に電話が入った。

「八戸市役所の総務課の方々にお力添えをお願いしてあります。私にもローズさんの滞在予定はわかりません。それにこの件は私の責任ではありません」

〈捜し〉の事情を知らない斎藤は、「私の責任ではありません」の言葉にショックを憶えた。

市役所の国際交流班から、高専のインドネシア留学生が見つかった、という知らせを受けたのは翌日だった。斎藤は留学生を迎えに行った。勝蔵の家で留学生は一生懸命ローズに話しかけた。しかし、インドネシア語も通じないのかローズは反応しなかった。

本当は、ローズは斎藤潔の英語も留学生のインドネシア語も、多少ではあるが理解できていたのではないか、周囲の人たちにはそう思えるところがあった。野田稔は居間で勝蔵とローズがテーブルをはさんで向き合い、片言のインドネシア語で話している姿を目撃している。「あんな優しい表情を見たことがない」というほど、勝蔵は優しい眼差しを向けていたそうである。単語程度でも勝蔵は少しずつインドネシア語を思い出していたようだ。のちに幸子はローズと東京で会うが、会話の成立していた幸子はこう述べる。「英語は確かにじゅうぶんではなかった。インドネシア語も片言。でもこちらの伝えたいことはローズには理解できていたように思います」。なぜローズが言葉のできない振りをしたのかはわからない。

無為に時間がすぎていくことを案じた勝蔵は、野田に頼んで、ローズたちを十和田湖に連れて行ってもらった。野田は、ひで子も誘って自分の仕事用の車でローズたちを観光に連れて行った。暑い日差しのなか、湖畔を眺めるローズは、きらきら光る水面の美しさに感激し喜んでいた。ひで子はローズに優しく接し、みんな和気藹々《わきあいあい》。野田には、言葉が通じなくてもローズは小さな旅を満喫しているように見えた。また、芝生と蒼い海原のコントラストが美しい太平洋沿岸の種差《たねさし》海岸へも案内した。ローズたちはウミネコの島といわれている蕪島《かぶじま》でも遊んでいる。

だが、県内の主要な案内が終わればこれといってすることも浮かばない。勝蔵はどうしたものかと考えあぐねた。ローズと若い男は、外出するにも、自分たちだけではどうにもならない。結局は一日中居間に座って甲子園の高校野球を観戦することが多くなった。いつも二人はべったり寄り添っていた。

居座りつづけるローズに、勝蔵もひで子も周囲の人たちも途方に暮れた。とりわけひで子は三度の食事の用意から枕カバーやシーツの洗濯まで世話にかかりっきり。

「いつまでいるのだろう」

ひで子は親戚の家で愚痴をこぼすようになった。親戚の人たちは同情した。あるときこんな奇妙な生活につくづくと嫌気がさしたひで子は、食事前に姿をくらませた。食事の用意をしていないことを知った勝蔵は、文句をいうこともなく、動かしづらい体で台所に立って食事を作った。

勝蔵もいよいよ音を上げはじめた。娘シルビアがどんな子であったのか、遅すぎるとはわかっていても父親として色々なことを訊きたい。ローズには長年の労をねぎらう感謝の気持ちと詫びる気持ちを伝えたい。勝蔵には人生でまたとないこの機会に、男として父親としていっておかねばならない話が山ほどあったが、それを語ることもローズの言葉を聞くこともできなかった。

ローズはこのままではまずいと思ったのか勝蔵に相談した。

「ホテルに泊まりたい」

このとき勝蔵のストレスも臨界点に達したのか、声を荒げて怒りバーンとテーブルを叩いた。

「帰れ、もう帰ってくれ！」

勝蔵は、心配して様子を見に来た斎藤にローズの帰国の手配を頼んだ。ローズから受け取った航空チケットを見て二人は驚いた。滞在期間が四十日となっていたのである。

翌十四日、斎藤と留学生はローズたちを連れて日本旅行八戸店へ行き、帰りのチケットの日程変更を願い出た。フィンランド航空の格安の往復チケットを利用していたが、航空会社と交渉してくれた店員のお陰で、金銭の負担はなく日程変更が可能となった。九月十六日の帰国は八月十六日に変更された。成田国際空港からの帰国には前日東京のホテルに宿泊した方がよいと考え、斎藤はここで池袋のホテルに予約を入れた。ローズにチケットの変更を説明した斎藤は、池袋のホテルのことも伝えた。池袋駅からの道順を教えるよりタクシーで行くのが確かだと考え、運転手にその住所を見せればよいように、メモ書きを渡すなど、斎藤は至れり尽くせりの世話をした。

その夜、勝蔵は東京の幸子に「ローズは明日帰るよ」と電話を入れた。斎藤も「滞在予定を早めて帰ることになった。明日が最後になるからね」と連絡している。

翌日、斎藤と留学生は三沢空港までローズたちを見送り握手をして別れた。

東京では幸子が待っていた。最後であればそれにふさわしい夜を、と東京見学を企画していた幸子は、ローズが池袋のホテルに着く時間を見計らって迎えに行き、それからハトバスに乗った。この観光中、ローズは勝蔵が怒ったことを身振り手振りで大笑いしながら、「カツゾウ、バーン」と真似をした。どこまで意味がわかっていたのかは不明だという。

観光を終えて池袋のホテルまで見送った際、幸子が、「明日お帰りになるのですね」と別れの挨拶をすると、ローズは「ネイ（ノー）、明日、帰らない」といって、その場でチケットを見せた。帰国は八月十六日ではなく九月十六日となっている。このチケットでも明日フライトできるように手配されていたが、幸子にその経緯がわかるはずもなかった。

オランダへ帰国したとばかり思っていた勝蔵とひで子の前に、ふたたびローズたちが現れたのは十七日のことだった。またもや仰天。ローズに帰国の意思はなく二人は八戸へ舞いもどって来たのだ。驚いたのは斎藤も同じ。ローズは帰国のことが理解できなかったのか。もしそうだとしたら改めて帰国のことをわからせるしかない。それにはオランダ語のできる通訳に頼む以外ないと、斎藤はまたも内山に電話で相談した。

「八月十六日に帰国となっていたエアーティケットを九月十六日に変更しました。その意味がローズさんにわかっていないらしい。オランダ語でローズさんに説明できる人を紹介して下さい」

京都の神父は仕事で東南アジアへ行って留守だった。他に心当たりはなかったが、ふと内山の脳裏に浮かんできたのが、以前〈捜し〉の件で神戸へ行った際に知り合い、その後手紙の遣り取りしているオランダのローゼンダール弘子。弘子に電話して事情を話すと、東京の金子という女性を紹介してくれた。ローズはこの金子からの電話を受けている。このときオランダ語で話をしているローズのそばに斎藤がいた。ローズは理解したと思って斎藤は肩の荷を下ろした。

十八日、勝蔵は呆れたのを通り越してわずらわしくなったのか、内山に電話でこう告げている。

「ローズたちを八月十六日の飛行機で帰国させようとしたけれど、帰国は九月十六日にするというのです。こうなると思うようにさせるしかない。私はローズにはお詫びをしなければならないことがたくさんありますが、今後、私とは無関係にさせてもらいたい」

勝蔵はローズとの交流を断ってきた。

だが、内山にはそれをローズに告げる手段はなかった。その後のローズたちは勝蔵宅を出され一カ月ほどホテル住まいをしている。その間、勝蔵がローズに会うことはなかった。

結局、日本滞在は四十日、ローズは自分で予定した通り九月十六日に帰国するが、幸子によれば滞在中に八戸—東京間を三回往復しているという。

これほど多くの人に迷惑をかけながらローズは勝蔵に会って目的を果たせたのか。いや目的とは何だったのだろう。色々な人が関わっているわりには、今ローズの言葉を記憶に残しているのは誰ひとりいない。だが、このローズの来日は、意外なところから新たに展開していく。

娘の幸子。ローズにたいする幸子の気持ちは、勝蔵とは異なっていた。

このとき幸子は四九歳、二三歳の男の子と一九歳の女の子の子どもがいる。

ローズ来日の知らせを勝蔵から電話で聞かされたとき、真っ先に「お母さんはどうなるのだろう」と母親のことが案じられたが、幸子はすべてを肯定的にとらえ受容した。父とローズの関係は昔のことだ、それより私に姉がいたの？　ひとりっ子で育った幸子にとって異母兄弟のシルビアの存在は大きな喜びとなっていた。

ローズたちは帰国の間際、幸子に会うために八王子を訪れ、家の近くのホテルに三泊している。幸子は高尾山のブドウ狩りに案内し、自宅で食事を振舞うなど親交を深めた。そのせいかローズは幸子に心を開き「私の娘」と呼んで疑問に思うことを遠慮なく訊いてきた。

「オランダで私がお世話をしたら勝蔵の病気は必ずよくなる。なぜあのまま放っておくのか」と何回もいう。さらには「勝蔵と一緒にいる女性は誰？」と質問してきた。ローズは炊事や洗濯をかいがいしくするわりに勝蔵と会話の少ない、ごく一般的な日本の妻のひで子を、お手伝いか使用人と思ったらしい。「私の母親、勝蔵の妻よ」と幸子が返答しても、「似ていない、お前はもらいっ子だ」といって否定した。確かに幸子は母親似ではない。

ローズが帰国した翌年、幸子はオランダを訪問している。依然ローズの来日理由がわからなかったこともあるが、亡き姉シルビアの墓参とローズの子どもたちに会いたかったからでもある。

オランダでローズは歓迎してくれた。勝蔵が同行していないことを知ると、あからさまに不機嫌な表情を見せた。幸子は、一度は明確にしておかねばならない言葉を口にした。

「父は結婚して家族がいる。ですから、ここに連れてくることはできないのです」

ローズの一〇人の子どものなかで、三人が死亡。七人の子どもが生前の異父兄弟の姉シルビアの様子を語ってくれた。シルビアは胃癌で亡くなるまで日本の父親を慕い「会いたい」といいつづけていたという。幸子はひとりっ子として勝蔵とひで子の愛情を独占してきたわが身を顧みながら、在りし日のシルビアに思いを寄せた。墓参りをすませている。

シルビアの長男ヘンクが、のちに妻となる女性を連れて来日したのは、この翌年のことである。ヘンクの希望で京都を観光した後、八戸へ帰り、祖父勝蔵と対面させた。勝蔵は喜んだそうである。

ローズは二〇〇三（平成十五）年逝去。享年七九。

翌二〇〇四（平成十六）年、勝蔵が逝去。享年八六。

その後、幸子は母ひで子を八王子の自宅に引き取った。その後も甥のヘンクを受け入れ、母ひで子と一緒に交流するようになっている。

毎朝、仏壇に飾っている勝蔵の写真にお茶を供えるとき、写真のなかの亡き姉シルビアとローズにも同じものを供えて手を合わせている。仏壇に季節の花々が途切れることはないという。

第八章　来日・心の軌跡

二世たちは外務省主催の「日蘭平和交流事業」により、年一回日本へ招待され、十日前後の日程で主に西日本を旅行している。一九九八（平成十）年からスタートしたこの旅行のさなかに、多くの二世が〈父親捜し〉の結果・報告を内山から受けてきた。家族の対面が行われたのも、多くはこの機会を利用してのことである。この招待旅行は、彼らにとってどんな意味をもっているのか。ほとんどの二世が〈父〉の国ニッポンを初めて知ることになるが、いったいどんな気持ちで来日しているのか。先に招待旅行のことには少しふれているが、ここでは改めてこの旅行に焦点を当て、二世たちの心の軌跡を追っかけてみよう。

喜ぶことが怖い

「現在、父親の家族を捜し中です。必ず捜し出しますから、待っていて下さい」

日本にいる内山からの一報をオランダでナニー・ゲレッセンが受け取ったのは、招待旅行まであと一カ月足らずという時期、二〇〇五（平成十七）年十月上旬のことである。

ふっくらと肥えて背が低い。体形は一般的によく見かける日本人のタイプ。性格にも角張ったところがない。控え目だが、朗らかによく笑う。訪日は三回目。

ナニーはこの旅行を心から楽しみにしていた。美しい日本の秋の風景を心ゆくまで眺めようと期待をしていたが、そんな気持ちは内山の連絡で木端微塵に吹き飛んでしまった。

この夜、夫と二人暮らしのナニーは、心と体のちぐはぐさを見せて夫を驚かせた。

料理の腕前はプロ級、ケーキ類からパーティ用の料理まで何でも手早くみごとに作るナニーは、夫に今晩何食べたい？　と訊いた。

「お前は今日、内山さんから重大な報告を聞いて精神的に疲れただろう、夜は簡単なものでいいからね。ナシゴレン（インドネシア料理・チャーハンと類似）でいいよ」

「わかった、簡単でいいわね」

夫のおもいやりを有難く受け取ったナニーは、いつも通り冷静に返事をして台所に入った。ところが、食事という段になって夫は目を見張った。テーブルの上には、数人の来客があるのかと思われるほどずらりとご馳走がならんでいる。これは大変だ。見ただけで夫は満腹感を憶えたが、これでナニーの気持ちを察した。緊張したときや考えごとをしているときには決まって台所に入り、黙々と料理を作るのがいつもの癖だった。

ナニーが父親を捜しはじめたのはＪＩＮや櫻の創立以前からである。多くの二世と同様、国際的な活動をしている福祉団体に依頼をしたこともあるが、よい結果を得られなかった。櫻の創立時から理事として活動し〈父親捜し〉の担当者となった。これまでの訪日旅行でどれほど多くの二世の不安を聞き、激励し、背中を押して送り出してきたことか。同時に、家族との面談が適《かな》って喜びに浸り全身を輝かせて帰国の途についた仲間を、どんなに祝福してきたことか。仲間と喜び悲しみをともにしているうちに歳月がすぎ、自分のことはすっかり後回しになっていた。いつの間にか心のどこかに諦めの気持ちが芽生えていたのだった。

そんな矢先の一報である。嬉しさもあったが、急に不安に駆られはじめた。〈捜し〉の担当者としての長年の活動など、自分のこととなるとさっぱり役に立たない。繰り返し内山の言葉を考えているうちに考えすぎて、その言葉の意味がわからなくなるほどだった。「内山さんが家族を捜して下さっているというのは本当かしら？」「父について何かわかったことがあるのかしら？」

混乱した意識のなかで不安ばかりが増大した。

その後、内山からは何の連絡もなかった。

旅行の日が近づいてくるにつれ、夫を驚かすような言動が増えていった。

大きなトランクを引っ張り出しては、畳んだ洋服を出し入れしている。

「ナニー、それは、さっきトランクの底に畳んで入れていたよ」

夫に指摘されるまでもなくどこか変、落ち着きのなさは自分でも気がついていた。

十一月四日、いよいよ旅立つ日となった。フライトは夜。同行者は一〇人。

スキポール国際空港まで見送ってくれた夫と別れ、時間に余裕をもたせてゆっくりと指定の集合場所に向かっていたときだった。

「ちょっとプライベートなお話があるのですが」

日本大使館の職員の女性に呼び止められた。

「つい先ほどのことですが、日本の内山さんから、あなたのお父さんのご家族が見つかったという知らせをいただきました。内山さんは今ごろ福岡に向かっているようです。福岡県・水巻町で待っているとのことですから、そのつもりでいて下さい」

驚いて立ちすくんだ。涙がにじんだ。それからのナニーは、父親のことで頭のなかがいっぱいになり、他のことは考えられなくなっていた。

父親は古田つよし（仮名）。

ジャワのマディウン州の女子収容所の監視に来ていた古田は、そこで看護婦として働いていたディルフィン・アルベルタを見染めた。「私の事務所で働いて下さい」。ディルフィンを収容所から出した吉田は、いったんは憲兵隊の事務所の真向かいにあった自分の事務所に勤めさせたが、その後、身のまわりの世話をさせるため自分の住居に住まわせた。

子どもが二人生まれた。第一子誕生のとき、古田は四〇歳、ディルフィンは二二歳。

第一子がナニーである。ところが、ナニーによれば、移住の際に母親が誕生年を変更していたため自分が何年に生まれているのか確かなことがわからないという。「一九四三（昭和十八）年か四四（昭和十九）年生まれか。三歳ぐらいの記憶があるように思うので四三年かもしれない」。誕生年がわからないため自分の年齢に自信がもてないという半生がつづいていた（＊正しくは昭和二十年二月二十二日生。弟は一九四六（昭和二十一）年六月二十三日に生まれている。）

戦後ディルフィンは結婚。夫は蘭印系の母親とベルギー人の父親をもつインドネシア生まれ。戦時中俘虜収容所から泰緬鉄道の強制労働に従事させられていたため、強い反日感情を抱いていた。ナニーは一二歳、弟は一一歳になるまでインドネシアで暮らしている。当時から二人にたいする継父の怒り方は普通ではなかった。遊びすぎて帰宅時間が遅れると裸で町中を走らせるなど、それは怒りというより虐待といえるものだった。

オランダ移住は一九五八（昭和三十三）年。

継父と母ディルフィンとの間に三人の子どもが生まれた。両親は三人の子どもに愛情を注ぐものの、ナニー兄弟は除け者にした。何かにつけて継父は口汚くののしった。「お前たちは畜生にも劣る汚らわしい奴！」。暴力を振るい、あからさまに虐待しはじめた。

母親はナニーたちに「父親は戦死した」と告げていたが、継父の留守を見計らってナニーが実父の人柄を訊いたとき、母親はこう答えた。「お父さんは地位の高い偉い人でね、賢い上に人の世話がよくできる優しい人だったよ」。しかし、継父の子どもたちの前では別のことをいう。「以前ナニーたちの父親は日本人といったけれど、本当はインドネシア人なの」。その上に「その証明書を送ってもらうように手配をしたから、そのうち届くでしょう」。届くはずもない書類を待っているかのような振りをした。家庭のなかで日本人の子どもを産んだことをおくびにも出さない母親。蔑視の対象である日本人。両親や親戚の人たちから聞かされる日本人と日本国にたいする罵詈雑言が、ナニーと弟の心と体に染み込んだ。二人は日本人を嫌い、日本の国を怖がった。継父の虐待はあるときからナニーへの性的虐待へと変わった。母ディルフィンはそれを知りながら助けることなく見て見ぬ振りを通した。

歳月が流れた。成長したナニーは高等専門学校へと進み、卒業後は銀行に就職した。のちに弟も銀行に勤務する。二三歳のときコンピュータ管理部で働いていた男性と結婚、三人の子どもに恵まれた。結婚を機に専業主婦となったナニーは、子どもの通う学校の役員をするなど、よき妻よき母親となり平和な家庭生活を築いていたのだった。

日系二世であることを知らずにすごしてきたナニーと弟は、思いがけないことから事実を知ることとなった。

最初に事実を知ったのはナニーの長男である。大学で社会学を専攻していた長男が課題の家系図を作成するに当たって、祖父のことがわからず親戚をまわって訊いているうちに気づいたのだった。

長男は一年間悩んだ末、ナニーに告白した。

「お母さんの本当のお父さんは日本人でした」

「まさか、私があの最低なヤップの血を引く子ですって?」

信じ難い言葉だった。ショックが大きくナニーは精神に支障をきたし、さらには体調を崩して通院しはじめた。夫は絶えずそばにいて理解を示した。

「父親が日本人でも、お前はお前だ。私の愛情が変わることはない」

ナニーと弟は疎遠になっていた母親に事実を訊きに行った。

母親と向き合っているとおぞましい記憶がよみがえってくる。継父の性的虐待を容認していたことが許せない。思わず詰め寄った。「なぜいつも見て見ぬ振りをしたのだ。私を助けようとしなかったではないか」。母ディルフィンは平然と答えた。「なぜって、あなたが継父にそうさせたんじゃないの？」。なんという無責任な言葉だろう。怒りを爆発させた。「あなたは母親なんかじゃない！」。実父のことを訊いても何も語ろうとしない母親にまたもや怒った。「一番下にある石でも必ず上がってくるというたとえがある。私はいつまでも踏みつけられてなんかいやしない。どんなことがあっても自分で事実を突き止め、お父さんを見つけ出す。もうここには絶対来ない」。母ディルフィンに絶縁状を叩きつけた。

外に出て弟と二人、車のなかで抱き合って泣いた。ナニー四六歳。

ＪＩＮに入会後、櫻設立のメンバーのひとりになっている。

飛行機のなかでナニーは父親のことばかり考えていた。母親の力を借りずにようやく父親を捜し出すところまでこぎ着けた。ここまでの〈捜し〉の長い道のりを思い起こしながら、日本への期待を膨らませた。だが、無邪気に喜ぶと裏切られ奈落の底に突き落とされるのはいつものこと、そう思いつい慎重になった。父親は死んでいるのか生きているのかわからない。生きているとしても相当な年齢になっているはずだ、いや多分亡くなっているだろう。最悪の場合を考えておかなければいけない。自分にいい聞かせた。機内で泣くことはなかった。「私は辛いときでも悲しいときでも泣かないように自分を訓練してきました。感情を表に出したくないのです。旅行中は泣くまいと覚悟を決めていましたが、その代わり不安で仕方ありませんでした」。しばらくすると、これは事実なのか、内山さんはこんな短い期間に、本当に父親を捜してくれたのか、とまたもや疑問が湧きはじめた。ナニーは一睡もしないで思いをめぐらせた。

一行は成田国際空港に到着。リムジンバスで羽田に向かい、羽田空港から福岡空港へ、空港から貸し切りバスで水巻町のプリンスホテルに向かった。バスのなかでナニーは通訳から「内山さんが夜、ホテルに来られます。それまで待っていて下さい」といわれている。

この日、内山調査はナニーに会う寸前までつづいていた。

ナニーの調査は六、七年前に着手していたが、櫻との断絶状態がつづいたころに中断。関係が修復した後に調査を再開している。この招待旅行の参加者が決まった年の九月、外務省から送られてきた二世来日名簿のなかにナニーの名前を見つけた。何としてでも旅行中に家族との対面を実現させてあげようと覚悟を決め、愛知県や三重県に出向いた。共同通信の記者や様々な人の協力を得て親を確定し、一気呵成に現場調査を進めた。

「吉田つよし」は一九〇三（明治三十六）年生まれ。開戦当時は三重県警察部特高課長、一九四三（昭和十八）年暮れにジャワ派遣となりマディウン州の警察部長となっていた。日本には家庭があり、三男二女と五人の子どもがいた（復員後、男児が生まれ子どもは六人となる）。

夜。いわれた通りナニーはホテルのロビーで待っていた。

しばらく経って、プリンスホテルの近くの安価なホテルに宿を取っていた内山が、ボランティアで通訳を引き受けてくれた水巻町教育委員会庶務課の職員と一緒に会いに来た。

ナニーの長旅の疲れを案じた内山は、話を挨拶程度にとどめた。

「ようやく今日、異母兄弟のお兄さん、英雄（仮名）さんと連絡がつきました。お父さんは昨年、一〇二歳で亡くなっています。明日あなたを連れてお兄さんに会うことになっていますから、午前十時にこのロビーまで、私と通訳が迎えに来ます。今晩はゆっくり休んで下さい。詳しいことは明日の朝お話ししましょう」

「有難うございました」

ナニーは部屋にもどった。いよいよ明日かと思うと、身の縮むような怖さが襲ってくる。会えるという家族は兄だけなのか、土壇場で兄が拒否しないものか。どうしても物事を悪い方へと考えてしまう。いや、もし会ったとしても何を話せばいいのだろう。父は幸せだったのか。そうだ、私だけでなく息子や孫のためにも父の健康や体質のこと、また遺伝的な病気があったのかも訊いておかなくてはいけない。私の赤ちゃんのころの写真を父はたくさんもって帰国したと母から聞いているが、本当にもって帰ったのか、それも訊いてみたい。私のことを兄は一言でも父から聞いたことがあるだろうか。尋ねたいことがあふれ出てナニーはこの夜もなかなか寝つけなかった。

翌朝十時。ちょうどバスで観光に出かける仲間を見送って、ナニーは内山の打ち合わせに応じた。内山はまず兄にたどり着いた経過を話しているが、それは昨日の父親の住んでいた町の話のことで、それまで時間をかけて他県に出向いて調査した経緯にはふれていない。

「お父さんの住んでいた町を捜し歩き、昼食をとるために食堂に入りました。そこで『古田さんを知りませんか』と尋ねると、店の人が、多分あの人だろうと教えてくれました。英雄さんは自営業でガラス関係の仕事をしています。その工場へ行ってわかったことですが、息子さんも一緒に働いていました。仕事は九州一円を走りまわるほど多忙のようです。案の定、お兄さんは他県に出張して留守でした。それでまずいとは思いましたが、携帯電話で話をしました。時間がなかったものでそうするしかありませんでした」

まんじりともしないでナニーは聞いた。

内山はつづけた。

「英雄さんは、ナニーさんとの対面には乗り気でなかった。ですが、あなたがこちらに来られるのなら会うだけは会いましょう、といってくれました。家の近くでは会いたくない、というので旅館の一室を予約してあります。嫁いでいるお姉さんは、あなたの存在を認めたくないということで、今日は立ち会わないということです。旅館には、お兄さんがひとりで来られますが、旅館は部屋だけを借ることができませんので、食事の用意をお兄さんも含めて四人分予約しておきました」

この面談がどのように運ばれてきたかを話し終えた内山は、経費についても丁寧な説明をした。旅館代や食費代など「家族対面」（＊墓参の場合も同様）にかかる諸経費は、依頼者が負担することになっていたからである。ナニーは承諾し、礼を述べた。

また、兄の英雄は墓参の依頼を「人目につくから嫌だ。場所を教えるから勝手に行ってくれ」と冷ややかに答えているが、それについて内山は、ナニーにはそのままの言葉で語っていない。写真のことも交えてポイントのみを伝えている。

「お墓参りとお父さんの写真のことですが、両方とも消極的でした。そのつもりでいて下さい」と。

ナニーは納得して覚悟を決めたのだった。

車の運転は通訳の職員がしてくれることになっていた。郷里はここから二時間半ほどかかる福岡県の南東部。大分県に隣接した、山裾を大きな川が流れる風光明媚な地域にある。

異母兄弟の兄と対面

車が父親の住んでいた町に入ると、運転手の職員が「よく町をご覧下さい」といってスピードを落としてくれた。そのお陰でナニーは父親の住居とその周辺の景色を目に焼き付けることができた。

三人が旅館に入るとすぐに食事が運ばれてきた。綺麗に盛り付けられた和食がならんだ。ナニーに食欲はなかったが、内山と職員の強い勧めでどうにか口に入れた。食事を終えて窓から風景を眺めていたとき、内山が兄の来たことを知らせた。

無愛想な表情で、兄の英雄が部屋に入ってきた。

ナニーは、ここは日本だと思い握手ではなくお辞儀をした。英雄も軽く頭を下げた。四人でテーブルを囲んだが、部屋の空気はよそよそしく、緊迫感があった。

そのなかで、内山が口火を切った。

「誰かが話しているとき、口をはさまないで下さい。質問してもよいときには必ず私がいいます」

内山は、数枚の資料とナニーの夫や三人の子どもが映っている写真を英雄に渡し、説明しはじめた。三人の子どもの写真を見た英雄は無愛想な表情のまま、そのうちのひとりを指さして、低い声でぶっきら棒にいった。

「父に似ていますよ」

内山はナニーに、どうぞお話下さい、と会話をうながした。

「父は戦後、何をしていましたか」

質問にだけ英雄は答えた。

「地元にもどって信用金庫、つまり銀行を立ち上げて、その仕事をしていました」

ナニーは言葉には出さなかったが、内心喜びの声を上げていた。お父さんと私たちは同じような仕事に携わっていたのだわ、なんて不思議なことなのでしょう、「銀行」という言葉が胸の奥に強く響いた。英雄が尋ねた。

「あなたと弟さんはどんな仕事をしていたのですか」

「はい、私と弟は銀行に勤めていました」

さっと英雄の表情が変わったことにナニーは気づいた。

そのあとまた英雄が訊いた。

「あなたは結婚しているのですか」

ビクッとした。たった今私の子どもの写真を見たのに、と思い答えに窮したが、ナニーは「ハイ」と返事をした。表情を崩さずコチコチになっている英雄は盗み見るようにしてナニーに目をやっている。笑顔のないナニーも隙を突いて探りを入れるかのようにジロジロと見ている。そのせいか空気は和らぐどころか一段と重くなった。

ナニーの質問はつづいた。

「父は幸せでしたか。どんな趣味をもっていたのですか」

「正義感が強かった。ひじょうに厳しく、子どものころ私は父を怖がっていました。それだけに仕事はできたようで、町から表彰状をいただいています」

まぁ、正義感が強くて厳しい？　その性格は私と弟のどちらにもある、そうなの？　お父さんはそういう人だったの。ナニーは急に親近感が湧いてきて嬉しいと思った。

思い出したように英雄はいった。

「それから、趣味のことはこれといって思い浮かびませんが、山と川が好きでした。山には九二歳まで登っていましたが、その年に山から落ちて骨折し、その後は登らなくなりました」

山と川が好きってことは自然を愛するってことでしょう？　私も弟も同じ、お父さんとよく似ているわ。ナニーはその語る言葉の一つひとつに父親との共通点を見出していた。

英雄は相変わらずにこりともしなかったが、内山に「墓参りも写真も断わる」ときつくいっていた言葉をひるがえした。ナニーのために急遽現像したのだろう、A四判用紙大の写真を三枚もって来ていた。そのうちの二枚をテーブルの上に置いた。一枚は弟の分だった。

予想外の英雄の好意にナニーは感激した。生まれて初めて見る父の顔。弟によく似ている。

さらに英雄は予期しなかった言葉をいった。

「あなたは墓に行きたいですか、町に父の胸像が建っていますが、それを見たいですか、どちらか選んで下さい。ご案内します」

ナニーは驚きと嬉しさで胸がいっぱいになった。

「有難うございます。どちらも行きたいのですが、どうしても行きたいのはお墓です」

英雄は立ち上がり、内山に耳打ちして部屋を出て行った。

その後ろ姿を見てナニーはハッとした。弟と三番目の息子の後ろ姿にそっくり。それに一瞬にして英雄の顔が能面のように固くなるのも弟や息子によく似ている。どんな些細な表情も見逃さずじっと英雄に視線を当てていたのである。

四人は旅館を出て墓へと向かった。

墓ではろうそくと線香を立て、まず英雄が手を合わせた。ナニーは花を買って来なかったことを後悔した。内山が日本式のお参りを勧めた。

ナニーは手を合わせた。すると怒りが込み上げてきて体が震えた。お父さん、何んで私がここに来るまで待っていてくれなかったの、どうして先に死んでしまったのですか。お父さんは一度でも私たちを捜そうと思ったことはあったのですか、何もしてくれなかったのですか、私と弟は長い間、辛くて苦しい日々をすごしてきました。過去になったとはいえ、私の悲惨な子ども時代を誰のせいにしたらいいのですか。私にはわからない、誰が罰を受けるのですか。心のなかで叫びつづけた。涙が頬を濡らしたが、歯を食いしばってそれ以上泣くまいと自制した。

墓参を終えたナニーは心から英雄に感謝をした。

車でもどった三人は、ホテルで別れた。

ナニーは部屋でひとりになった。大きな孤独感に襲われた。父親には二度と会えない、この世にはいないのだと思うと寂しさが込み上げてきたが、写真をゆっくりと眺め、今しがた聞いた人となりを重ねているうちに、「父がそばにいるのだなと実感しました」。子どものころから父親の人物像を描こうとしても、どんな顔つき、どんな体つきかもわからず、心のなかがいつも空っぽだった。父親を知る親戚の人たちが「弟に似ている」といった言葉を信じて、何回となく弟の顔や姿を眺めたが、弟は弟でしかなく父親にはならなかった。長い間捜し求めた父親がここにいる。飽きることなく父親の写真を眺めていると、墓で父親に吐露した気持ちとは異なる感情が湧き出てきた。私をここに来られるように取り計らってくれたのはお父さんだわ、昨年亡くなるなんてきっとそう、亡くなったお父さんが導いてくれた。お父さん有難う、有難う、有難うございます。涙がとめどなく流れた。初めてナニーは声を上げて泣きつづけた。

翌日から仲間とともに観光旅行に出かけた。コースは水巻に四泊、平戸に一泊、長崎に一泊、大阪で三泊（京都観光もふくむ）、東京で四泊である。

日蘭平和交流事業

一九九五（平成七）年、前年の村山談話（当時の内閣総理大臣村山富市）にもとづいて日本政府は、戦後五十周年を機に戦争のつぐないの十年計画として一〇〇〇億円を投じ、歴史研究支援事業と人々との交流事業の二本柱からなる「平和友好交流計画」の実施を開始した。オランダにたいしては、二本柱のひとつである交流事業の名称がこの「日蘭架け橋計画」である。

当事業は、今なお心に傷をもつ元捕虜や戦争被害者を日本に招待して、対日理解と両国の友好親善を深めることを目的としていた。当初から「元捕虜と遺族の会（ＥＫＮＪ）」や反日感情の強い団体が公式招待を受けているが、日系二世は対象外にされていた。それらの団体から遅れること三年、一九九八（平成十）年から公式招待となり、二〇〇四（平成十六）年に十年計画が終了するまでつづいている。旅行は常にＥＫＮＪと一緒だった。この十年計画で招待人数は延べ四二五人。

事業の終了した翌二〇〇五（平成十七）年度から、規模を縮小してふたたび事業が開始した。「日蘭架け橋計画」の名称を「日蘭平和交流事業」と改称して五年計画が実施されることになったのである。日系二世を戦争被害者とみなしたプロジェクト事業だった。ここから招待旅行の対象者は日系二世だけとなった。五年目の終了の年が二〇〇九（平成二十一）に当たる。

「日蘭架け橋計画」と「日蘭平和交流事業」を含め二世の来日総数は七九人。内訳はＪＩＮ五七人、櫻二二人。このＪＩＮ五七人のなかには初期のころの来日者である三人の母親と八人の二十代から四十代の子どもが含まれている。なお初期の「日蘭架け橋計画」では、公式招待がはじまる前年の一九九七（平成九）年、ＥＫＮＪとともに自費で同行しようとした一人の二世と五人の母親に、日本政府が航空運賃を支払ったそうである（ＪＩＮのヒデコの証言）。団体別で来日の順をいえば、スタートはＪＩＮから、櫻の参加は二〇〇二（平成十四）年からである
先述したように招待旅行は、年一回秋に実施されてきた。これまでの招待人数は一回ごと約一〇人、昨今は、大体の二世が来日していることもあって五人になるなど減少傾向にある。

減少傾向にあるのは旅行日程も同じ。初期のころは一七日間という長期もあったが、その後は二週間、十日間、十日前後となっている。旅行のコースは大体同じだが、旅行日程の差で観光先には若干の違いがある。

旅行の窓口となっているのは、外務省欧州局西欧課。同課で企画した二〇〇六（平成十八）年度の「日程表」で旅のコースの一例を挙げてみよう。

水巻に到着した翌二日目は水巻町長表敬訪問・学校訪問と文化の日行事等を見学・水巻町周辺観光。三日目は水巻町の慰霊碑に献花・町周辺視察、平戸市へ向けて出発。四日目は平戸視察・長崎へ向けて出発。五日目は終日長崎市内視察・長崎市役所表敬訪問・平和公園での献花・原爆資料館見学・出島見学・夜景見学。六日目は長崎空港へ・（飛行機）・京都市内観光・七日目は京都市内視察、八日目は伊丹空港へ・（飛行機）・都内観光。九日目は駐日オランダ大使館へ表敬訪問、・都内観光・都内視察がある。最後に恒例となっている西欧課主催の歓迎レセプションは東京・芝のプリンスホテルで開かれる。十日目は帰国。交通手段は飛行機を利用する以外バス移動となっている。

以前から、旅行のスタート地が福岡県・水巻町となっている点については、ヒデコ・ギスケに尋ねると二世との関係で語ってくれた。

「これには、オランダのＥＫＮＪ（「日本軍の元捕虜とその遺族の会」）の代表ドルフ・ウィンクラさんと水巻町在住の黒河博さんや水巻町と深い関わりがあります。まだ日系二世が外務省に招待される以前のことになりますが、ドルフさんと黒河さんが先頭に立って外務省に働きかけて下さった。それで二世は訪日のチャンスをつかんだのです。櫻も同様です。今でも来日した最初に、水巻町にあるオランダ兵士の慰霊碑に献花と黙禱を捧げられるのは、私たち二世にとりましてもかけがえのないことで、こうした機会を作って下さっていることに感謝しています」

話のなかに登場するドルフ・ウィンクラとは、戦時中ジャワに派遣されていたオランダ軍人。日本軍の俘虜収容所に抑留され泰緬鉄道の強制労働を強いられ、最終的には水巻周辺の炭鉱で過酷な労働に従事している。一九一七（大正七）年生まれ。戦後はオランダで結婚、デザイナーの道を歩んでいる。一九八五（昭和六十）年に水巻を訪問したとき、古賀山中の荒れ果てた土地に、強制労働で亡くなった元オランダ兵捕虜の慰霊碑が遺棄されているのを見て不快感をもった。オランダに帰ってEKNJを立ち上げて、日本とオランダの大使館にアピールした。それは水巻町に慰霊碑の修復を支援するようにとの要望だった。

その意を受けて活動に乗り出したのが、水巻町で惣菜店を営む黒河博である。黒河の粘り強い地道な活動が行政を動かし、水巻町は十字架の塔を修復した。十字架の墓標・平和と文化を育む会のボランティア団体の草刈りなどの活動も見逃せない。第一期整備工事が完成した。ドルフ夫妻が参加して第一回の献花式が行われたのは、一九八七（昭和六十二）年のこと。翌年、二期整備工事も完成。全国で亡くなったオランダ兵八一六人が合祀され、銅板にその名前が刻まれた。水巻町は一九九六（平成八）年に「平和都市宣言」をしている。オランダと子どもや市民との交流は深い。

黒河博は来日した旅行者たちを毎年温かく迎えた。自費で歓迎会を開いている。黒河の記憶のなかにはドルフのEKNJのメンバーと一緒に来日した、初期のころの二世の姿が鮮明にあった。

「元捕虜の人たちと二世も含めていつも歓迎会を開いたのですが、最初のころ、一〇人ぐらいの二世が隅っこのテーブルでうつむき加減で食事をしていました。遠慮がちで覇気がない。その様子は、胸を張って堂々としている元捕虜や遺族の人たちとは対照的でした。二世のみなさんは、私たちと同じ日本人の顔や姿をしているのですよ。身びいきといったらおかしいですが、私には二世たちが他人のように思えなくなり、胸が痛みました。その夜、二世全員をカラオケに誘って、大いに歌ってもらいました。そこではみんな歌って楽しそうでしたが、人前に出ると必要以上に気を遣う。こういうふうに生きるしかなかったのだと思うと、遣り切れない気持ちがしたものです。微力ながら二世たちを支えて行きたいと思いました」

二世と関わりをもつ多くの人は、戦後の彼らの過酷な歩みなど詳しい事情を知らなくても、同じ顔をした日本人として親しい気持ちを抱く。黒河もそのひとりだった。

この気持ちは二世たちに伝わり、ＪＩＮと櫻の会員は黒河博に篤《あつ》い信頼をよせている。

二世たちの思い

この旅行を二世たちはどう思っているのか。

初来日となったエリー（仮名）はこう語る。エリーは、父親の写真が別人であったことから、交流を拒否された二世（第五章）。

「日本は綺麗な国という印象をもちました。オランダで私たち二世は目立ちますが、日本ではまったく目立たない。街中の人はみんな私と似ている。赤ちゃんも、私の子どもといってもよいくらい同じで、身近に感じました。自然に気持ちが大らかになり楽しかった。日本にいる間、私は日本人の血が流れていることを確認できたのです。父が日本人であることに誇りをもちました。これは日本に行って強く実感したことです」

エリーはニューギニヤから移住してきた四人家族のなかで健やかに育っている。戦争中泰緬鉄道の強制労働を体験していた継父が、愛情豊かだったお陰だという。そのため実父への興味は薄かったが、来日のときの日本の印象があまりによかったことが影響して、実父を捜したいと思うようになった。

それが依頼状を書く理由となっている。

前述しているように、内山が大阪の父親の家を訪問し、異母兄弟の姉から「この写真は父ではありません」と話を打ち切られたのは、来日後三年目のことである。その後のエリーは、異母兄弟のその姉が父親の写真を送ってくれたことで、父親の写真をときどき眺め、日本の記憶をよみがえらせているそうである。

仕事で何度も来日している国連勤務のケース・ベルボーム（第六章）も高く評価した。

「旅行はJINと櫻の会員を招待してくれるでしょう、二世たちが日本の土を踏めるというこの企画事業はひじょうに有難い。自分の目で日本を確かめられるからです。そうすると物の見方がまったく違ってくる。心を閉ざしていたその殻を破ることができます。でも僕は、この旅行には参加しません。仕事が順調ですから、日本へは自費で行くことに決めている。僕の席を他の誰かに使ってもらえばよい、と考えているからです」

内務省勤務のエルンスト・デュスハルト（序章冒頭）は来日前だったが、同様に高く評価する。

「日本について僕はひじょうに誇りをもっています。僕たち二世を日本政府が招待してくれる。その上、伝統や文化にふれさせてくれる。どこにこれほどの対応をしてくれる国があるだろうか。周囲には日本の悪口をいう人たちもいますが、こういう人たちに、僕は必ず日本政府の対応を述べてきました。素晴らしい平和交流の一つだと思います」

聞きようによっては官僚らしい発言ともとれるが、これは彼の人間性から出ている素直な言葉だった。櫻の会長リシャード・ホルクマンも来日していなかったが、感謝を込めてこう語る。

「戦後六十余年経った今でも、仲間のなかには精神的、身体的に障害をもった人がいます。それはすべて戦争から来るものなのです。私たちの子ども、つまり三世ですが、彼らのなかにもトラウマを抱えている子がいます。日本へ行くという体験は心の整理をすることになり、自分が何者であるのか、そのルーツを確かめられる。日本にいることで、日本人と会うだけで、自分には日本人の血が流れていることを感じられるし、まわりが日本人であると認識してくれる。和解と生産という意味において、二世にとっては重要な役割を果たしています。これは一回しかチャンスが与えられていませんので、私たちはそれをじゅうぶんに活かしたいと思っています」

「日蘭平和交流事業」のこの招待旅行を高く評価し、日本のよさを認識した二世の言葉は枚挙にいとまがない。オランダで暮らしている日本人の支援者たちや、オランダ人の支援者たちも、「二世たちの孤独な心を癒し無言の励ましになっている」と口を揃えていう。

幼いころから日本人の悪口ばかりを聞き、罪の意識を負わされて育ち、日本人の血を引いていることでいじめ抜かれてきた二世たちにとって、政府の企画事業の旅行でなければ日本の土を踏む機会はなかったであろう。「日本は残虐な国」「日本人は怖い」。幼いころからその意識を刷り込まれているのだから、自費の旅行でわざわざ日本を選ぶことはしない。こうして一人ひとの意見や感想をうかがっていくと、この旅行が日蘭の交流に大きく貢献していることがわかる。

心の片隅に残る不満

しかし、感謝の気持ちを語る一方、厳しい意見を述べる二世も少なからずいた。

トニー・フーケは、写真やカバンなど父親の形見の遺品をもっていたにもかかわらず、家族に拒否されたが、甥のお陰で、静岡県の三島で墓参をすませている（第五章）。

現在、妻と一緒にデータのインプットの仕事に従事。来日は初期のころになるが、当時は前述しているように元捕虜たちと一緒だった。旅行日程は十七日間と長期である。

「日本政府には、日本を知る機会を与えてくれたことに感謝をしています」

こう前置きした上で、トニーは色白の顔を赤く染め、旅行中の苦しかった心中を吐露した。

「オランダにいるとき、日本の僕の父親の家族が交流を拒否したという話を、内山さんの報告で知りました。その不安と悲しみと怒りと、また大学生の甥の案内で父の墓参りができるという嬉しさもあって感情が高ぶり、何が何だかわからなくなっていた。高ぶった気持ちをオランダから引きずったまま来日し、さらに日本で興奮状態になっていたので、あまり旅行を楽しめなかった」

このときのトニーの心理状態には育ちの環境が大きく左右しているようである。

一九四五（昭和二十）年三月七日生まれ。幼少のころから徹底的に反日感情を植えつけられて育っている。トニーによれば、こうして育った場合、その感情は容易に取り除くことができず、大人になって頭で理解できても感情がついていかないことがあるそうだ。

トニーと同様の育ち方をしているのが、先述のナニー。今でこそ彼女は「日本は故郷」「私の祖国」と口にするが、そこには大きな心の変化があった。今回が三回目の来日であることは前述した。一回目は冬、二回目は春に来日している。

忘れられないのは一回目。オランダのテレビ局の人たちと一緒に〈捜し〉のことで来日しているが、日本行きが決まり、飛行機が日本に到着するまで平常心でいられず、息苦しくて沈み込んだ気持ちになったという。その気持ちをこう語った。

「日本へ行ったら殺されるという強迫観念にさいなまれ、心奥に巣食う恐怖感をぬぐえなかった」

脅迫観念や「殺される」という恐怖感を聞くと、こちらがギョッとさせられるが、両者の思い方には違いはあっても、内面に不安定さを抱えていたのは共通している。

さらにトニーは加えた。

「せっかく日本にいるのだからプログラムに縛られず、もう少し自由にできる時間が欲しかった」と。心を自由に遊ばせたい、内省する時間がもっと欲しい、ということのようである。

二世たちが感謝と好意の気持ちをもちつづけながら一面、心の片隅に不満や工夫の提案材料を抱えているのは、決して特別のことではなく、むしろ自然なことだといえるかもしれない。

前述したように、当外務省の招待旅行は、「日蘭」において平和な交流がなされる、あるいは友好がむすばれることを目的として企画されている。その企画意図のなかにはデリケートな親子・親族の問題を主題にした〈父親捜し〉の活動は入っていない。それは、〈捜し〉の担当窓口である厚労省がこの旅行に関与していないことでも理解できるだろう。つまり、外務省は旅行中の親族面会や墓参などには理解を示しても、〈捜し〉には協力しない、金銭の支援もしない、という姿勢で臨んでいる。それゆえ二世の思いを満たせないところが、どうしても出てきてしまうのである。

〈父親捜し〉の実践活動については、これまで繰り返し書いてきたが、改めて述べると、これは心ある人たちの善意によって実践されている。ナニーの親族対面の箇所で、内山が通訳兼運転手を同行して打ち合わせに来たところを紹介しているが、親族に会う日程の取り決めや、その手配など、すべては内山を中心に、水巻町の教育委員会、学校、篤志家というように、町の人々の熱意とボランティアの汗によって行われているのが実情である。

「日蘭平和交流事業」と銘打ったこの旅行は、オランダでは評判がよかった。それを思えば、今後二世たちの気持ちに添った内容に一層工夫されることを願わずにはいられない。

二〇〇九年を最後としていたこの「日蘭平和交流事業」は、その後もつづいている。

第九章　二世たちの明暗

人生の明暗をわける象徴的なできごとが起こったのは、二〇〇六（平成十八）年十一月。二世たちが来日した最初の夜のことである。

内山が、来日した二世たちと出会うのは、成田国際空港ではない。〈捜し〉の都合で、京都になる場合もあれば、違う場所になる場合もあり様々。今回は宮崎への調査を兼ねていたため、その前に水巻町へ来ている。

このとき、来日したのは一〇人。男性が六人と女性が四人。ここには事情があって来られなかった二世の代理として、その子ども、つまり三世が四人いる。あとの六人のなかにネティ（仮名）とエルンスト・デュスハルトがいた。

福岡空港からの送迎バスが水巻町のホテルに到着したのは、昼をとうにすぎていた。すぐにみんなはホテルで遅い昼食をとった。夜には内山から〈捜し〉の結果や報告を聞くことになっている。聞かなくてすむのは、すでに父親の結果が出ている人たちだった。

不安を秘めた期待

今夜の報告を待っているひとりがネティ。黒髪と昔の市松人形のような髪型。それに黒い瞳。ロビーを歩く姿は行き交う日本の人々と何ら変わりない。

「思い切って日本へ来てよかったわ」

控え目な印象を受けるが、このときのネティの表情は長旅の疲れも見せず輝いていた。「思い切って」の言葉に躊躇したあとが感じ取れた。

昼食を終えたあと三、四時間の自由な時間があり、各自それぞれ部屋へもどった。ネティもいったん部屋へ入ったが、早々にロビーに降りて来た。それから、入口とは反対側にある大きなガラス窓の片隅に立って、黄色く染まった山々の景色をぼんやりと眺めていた。さっきの輝きは時間とともに消え次第に沈み込んだ表情に変わっていた。

一九四六（昭和二十一）年五月六日、ジャワのマラン生まれ。

「この子は日本人の父親にそっくり。あの男を思い出すのは嫌」

母親は誕生時から養育を拒否した。生後七日目に他人の手にゆだねようとしたところを、ネティの祖母が「わが子」として引き取った。実母を含め祖母の四人の子どもの末子として育てられている。母親とは姉妹ということになる。祖母の四人目の子どもとは四歳しか違わなかった。「お前は私の子ではない」。もの心ついたころから実母からこういわれ、差別を受けて使用人として扱われた。六、七歳のときお手伝いの人から、父親が日本人であることを教えられた。「決して口外してはならない」。念を押された。実母は徹底的にネティを無視し、みんなの前で除け者にした。辛かった。実母を姉か叔母と思ってすごしたが、成長するにつれて自分を責め、罪の意識をもつようになった。四歳から一一歳まで、継父と思っていたオランダ人の祖父から性的虐待を受けた。中国系の祖母と実母は、祖父には何もいえなかった。

インドネシアで祖父が亡くなってから一九五八(昭和三十三)年、二二歳で移住している。

結婚は二四歳、役所で会計の仕事をしていたころである。二六歳の夫は船乗り。結婚前に苦労の連続だった生い立ちを話した。三人の子どもに恵まれ精いっぱいの愛情を注いで育てた。「誰にも負けないくらい、家族をたいせつにしました」。生まれて初めて人の温もりを知り、家庭の温かさを味わった。おもいやりのある家族だった。

五八歳。ネティの心に異変が起きた。「夫と寝ていてふれられるのがたまらなく嫌になりました。『僕が嫌いになったの? 何か悪いことをいった?』。夫は何度も問いかけてきましたが、夫に不満はありませんでした」。苦しくて涙が止まらない。覚悟をして、これまで祖父から受けた性的虐待と自分の出自を打ち明けた。「幼かったため、自分では起こっていることが認識できなかった。祖父からこれは誰にもいっちゃいけない、といわれていたから黙っていた」。夫は深い同情を寄せてすべてを受け入れてくれた。「息子たちに話しておいた方がいいよ」。この助言に納得した。気立ての優しすぎる二男を除いて、三三歳の長男と大学生の三男に父親が日本人であること、そのために辛い子ども時代を送ってきたことを話した。長男だけには性的虐待の事実を伝えている。

「お母さんを助けたい。日本のお祖父ちゃんを捜そうよ。昔の辛いことを忘れられるように、みんなで協力するから」。子どもたちの激励が嬉しかった。

それまで父親を捜す気持ちはなかった。長男が一二歳のとき「僕のお祖父ちゃんは誰？　知りたいよ」といわれた。夫も父親を捜そうといってくれたが、実母は喋らなかったし、祖父から受けた性的虐待のことがあり「父親なんかいらない」と思いつづけてきた。

ネティの心の呪縛を解いたのは家族の絆だった。以来、自分が誕生したことで罪悪感などもつ必要はないのだと、冷静な判断をしはじめた。母親のことを考えた。「叔父から、父と実母は三年間暮らしていたと聞いていましたが、三年もの間、強制されて性関係をもったとは考えられない。やっぱりそこには愛情があったからだと思いました」。ネティは父親を嫌う母親の気持ちが理解できなかった。母の家は三〇キロぐらいしか離れていなかったが、その後も、その家を尋ねることはなく、父親の情報はもっぱら叔父や叔母から入手した。「とても優しいお父さんだった。物のないときに、よく気を遣って色々な物を届けてくれたよ」。父親の人柄をみんなが褒めた。日本のお父さんと暮らしていたなら、私はもっと楽しい幼少時代をすごせたかもしれない。明るい世界を夢見るようになっていた。

「母親のことは許しましたが、今も私の母だとは思ったことがありません」

ネティは母親を受け入れなかった。

櫻の会員となり、その翌年の来日となっている。

外を見ているネティのそばに、エルンストと、英語の教師をしている親友のマイクが笑顔で近づいて来た。二人は小さな丸いテーブルに座ってネティと同じように山々を眺めはじめた。エルンストの表情からふとしたときに笑顔が消えることを心配したのか、マイクがときどき明るい声で話しかけている。マイクの父親は、初期のころ、内山ではない他の人たちによって見つけ出されていた。やくざだったため交流はない。「僕のお父さん、怖い」。冗談を飛ばしていた。色白のマイクと、浅黒いエルンストは日本人の平均的な背格好だが、エルンストは貫録を思わせる程度に太目。二人は誠実で紳士的な雰囲気を漂わせている。

エルンストにはよい知らせが待っていた。序章冒頭の〈捜し〉で、内山が異母兄弟の兄に会ったとき、「ボランティアでしたら会いましょう」と、兄は突き放したような承諾の仕方をしたが、あれから半年以上が経ち、この旅行が近づいてくると、内山に父親の写真を送ってきた。エルンストを「父の実子」と認めたのである。

墓参の許可が下りたことを、エルンストはオランダで聞いている。内山は対面の日程や通訳の手配、電車の時刻などを兄と相談して準備を進めていた。そのこともオランダで確認ずみ。そして、来日した最初のこの晩に、重大なことが待ち受けていることもエルンストは知っていた。それは内山から父親の写真をもらうということだった。エルンストに笑顔はなかった。マイクがちょっと席を立ってひとりになるとたちまち暗い表情になるのだった。

一九四五（昭和二十）年三月五日、スマトラ・パダンパンジャン生まれ。

「敵の子」、「汚い日本人だ」。インドネシアで暮らしていた幼いころ、みじめな思いをした。友だちとは遊べなかった。八歳ぐらいのとき、中傷されている意味がわからず、母親に尋ねた。「真面目に話したいことがあるから弟を連れておいで」。二人を前にして母親は事実を話してくれた。「お前たちのお父さんは日本人で警察官でした。じつはね、お祖父ちゃんと伯父ちゃんたちが捕まり、私も捕まったのよ。そのあと私はその日本人の妻になった。それであなたたちが生まれたの」。「お父さんは日本人？」。それはすごい、よいことだ。エルンストは喜んだ。日本人は空手ができる、武道にたけている。それなら僕も強い人間なんだ。自慢したかった。それからいじめられるたび威張ってまわった。「僕は日本人の子どもなんだから強いんだぞ、みんな気をつけろ」。そのころから、お父さんと一緒に遊びたい、食事をしたい、何でもいいから一緒にいたいと、父親を恋しく思うようになっていた。

成長期にはインドネシアの親戚の人たちから責められた。「お前の父親は警察官だったが、家族や親戚を助けなかった」と。戦時中は親戚の多くが政治と関わった。五人が日本軍に検挙され数人が殺害されている。戦後、石油会社に勤めていた母親は、インドネシア政府の関係する貿易会社に入社。オランダ人と結婚したが、別れた。エルンストは二一歳で移住。独身を通していた母親は突然脳溢血で他界、五一歳だった。このとき彼は二二歳、母親に父親のことを訊く機会を逃してしまった。オランダで神学校を卒業後、王立の芸術学校で絵画を学んだ。その後、内務省へ勤務している。三〇歳をすぎて中国系インドネシア生まれの同い年の女性と結婚した。このころ、まだ父親が生きていると信じていた。「捜し出して絶対会うんだ」。思いつづけた。「普通に優しく接してくれる父を求めていました。僕は本当に父が欲しかった」。父親がオランダ人殺害に関与しているのでないかと思いはじめたのは、四〇歳前後。以前親戚の人たちから責められた言葉が頭の片隅に残っていたからだった。「人間にはよい面も悪い面もある。僕はできるだけ人のよい面を見るように心がけている。父のよい面、素晴らしいところを知りたいのです」。すべてを引き受ける気持ちで父親を慕いつづけた。父親の顔は知らない。

明暗をわける調査報告

夜。内山がホテルを訪れた。同行していたのは、前出のボランティア通訳のラルフ・シュリオックである。

二世たちは、フロントにいる人たちに相談しながら面談場所をしつらえた。入口近くで低い長テーブルを囲むことになった。今回の〈捜し〉に関わりがなくとも報告に関心があるのか、椅子は全員の一〇人分が用意された。

全員が揃った。内山はみんなの様子がわかるようにと、長方形の奥の角に座り、その右側にエルンスト、通訳、ネティと順に陣取った。

内山は簡単な挨拶をしたあと、隣に座っているエルンストからはじめようと、すぐに父親の顔写真をショルダーバックのなかから取り出した。エルンストはつとめて平常心を保つようにしていたが、その努力がかえって不安の塊《かたまり》であることを告げていた。表情が固い。

写真はパソコンのプリンターから出したA四判の大きさ。画像は鮮明、胸から上部がアップで写っていた。スマトラで銃殺刑になった青年時代の父親の写真だった。警察官の正装で正面を向いている。父親は目鼻立ちの整った昔のお公家さんのような綺麗な顔立ちをしていた。

目の前のテーブルに父親の写真が置かれた。両手を膝に置いたエルンストの体はスローモーションのような動きで自然に傾斜し、真上から覗き込んだ。同時に、身を乗り出した九人の頭がいっせいに写真の上に集まった。一瞬、時間が止まった。そのあと誰からともなく溜息が洩れた。エルンストは愛しむような眼差しを向けて凝視した。写真のなかの父親は二〇代後半。エルンストは六一歳。目元の清々しさや肌の艶などから若さを際立せている父親の顔を、年輪を重ねた息子が見ているが、エルンストの目にははっきりと〈父〉としか映ってなかった。横にいるマイクがその背中をさすりながら、「これを、写真撮りして、飾るといいね」とささやいた。エルンストは小さくうなずいた。他に誰ひとり言葉を発する者はいない。数十秒間、息を詰めていたせいか、みな肩を落とし、細く長い息を吐きながら椅子に着いた。

空気が大きく揺らぎ、ネティの番となった。

内山の報告は一言だった。

「あなたのお父さんのことは、全力を尽くして調査をしましたが、わかりませんでした」

一瞬、作り笑いのように片方の頬を上げたせいか、ネティが微笑したように見えた。

ところが内山が次の人の報告をしている最中、いきなり席を立って、夕方見ていた大きなガラス窓の方に歩き出したのである。

ガラス窓の向こうには山を隠した暗闇が迫っていた。その窓際まで行くと、急に両手を覆って泣き出した。小さな泣き声は徐々に大きくなり号泣となった。全身を揉んで喉《のど》の奥から怒りを絞り出すようにその暗く重たい泣き声がロビーにしばらく響き渡った。ネティのそばに座っていた赤いスーツの女性が急いで駆け寄った。二人は一対の塑像《そぞう》になったようにからみついて大声で泣いた。ぞっとするほど孤独な姿だった。

全員の報告が終わった。

立ち上がる人はなく、緊迫した空気が流れた。

それぞれの人生の明暗を分ける〈父親捜し〉。調査結果は残酷さをもって真っ直ぐ二世の身上に光と影を投じる。「明」をもたらされても「暗」に追いやられても、その報告を受けるときの二世の心は孤独であるが、明日を迎える気持ちには天と地ほどの違いがある。たとえ「暗」を背負うことになっても、それは決して二世のせいではないが、以前からの心の渇望は、癒されることなくこれからもつづいていく。父と母の間からこの世に誕生しても、「父を知らない子」の嘆きはたとえようもなく深い。その嘆きはまたわが子三世の「祖父がわからない子」へと引き継がれる。

ネティの他にも同じことを報告された二世がいた。みんな自分のことで精いっぱい。仲間を気遣う余裕はなかった。時間は一時間半ほどしか経っていなかったが、二世にとれば人生を左右する厳粛な時間。全員の顔は脂気の抜けた白い色に変わっていた。

部屋にもどっていく二世もいるなか、エルンストはマイクと一緒に相変わらず内山のそばにいた。半世紀以上、いや重ねてきた年齢と同じ時間、この日を待ちつづけていたからだろう、エルンストは力尽きたように座ったまま茫然としていた。

ネティはいったん部屋にもどった。ところがすぐまたロビーに降りて来た。その様子が少し前の様子と違っていた。手には用紙をもち、歩き方にも力がこもり、別人のような様相を呈していた。

「諦めないわ。ここで諦めたら、一生、父のことがわからなくなる」

それは来日して初めて発する意志を含んだ強い語気だった。

内山に二枚の用紙を差し出した。

「これは私の出生証明書と洗礼証明書です。このコピーをお送りしていますが、これは手掛かりになりませんか。もう一度調査をお願いします」

ネティの依頼状に添附されていた資料は五つある。この二枚の証明書と、父親と思われる人がインドネシア人と写っている写真のコピー、A四判用紙に五枚の写真を並べたコピー、本人の近影写真である。その資料の一部を見せてネティは再度調査を依頼したのである。

依頼状にはこうある。

〈父親と母親の出会い〉＝「マランの抑留所・三年間同棲」

〈氏名〉の姓＝「アカサカ」、名前＝空白。

〈生年月日〉＝「一九二〇（大正九）年ごろ？」

〈職業〉＝「軍医（士官）」、（同僚に「東京の中山という人がいた」）

〈容貌〉＝「眼鏡なし・髭なし・背が高かった」（戦時中の父親の年齢を換算すると二二、三歳。「軍医」ではなく「衛生兵」でないのかという疑問が出ている）

オランダでネティの書いた依頼状の内容に、最初に疑問をもちアドバイスしたのは、〈捜し〉担当のナニー・ゲレッセン。「二三歳で軍医というのは、ちょっと年齢が若すぎるのではないかしら?」。しかし、依頼状は記述をそのままにして内山のもとに送られた。そのあとネティはナニーの指摘をそうかもしれないと思い、叔父や叔母に訊いてまわった。

半年ほど経って内山に追加情報を送っている。

そこには〈職業〉=「憲兵」とあった。

内山は多方面から調査をした。キーワードは〈マラン〉である。

マランには南方第七陸軍病院のマラン分院があった。内山はマラン陸軍病院の勤務者の名簿を所有している。追加情報であるマランの憲兵隊の名簿も、母親のいた「マランの女子収容所」の勤務者の日本人名簿ももっている。そのどれにも「アカサカ」の名前はない。あるとき「アカサカ」の姓を見つけたには見つけたが、それはマランから八〇〇キロも離れた場所で仕事をしていた人だった。こうした理由から机上調査の段階で「調査据え置き」としている。

ネティは食い下がった。

「でも、叔父によれば、『お父さんは家族全員に注射をしてくれた。だから僕は軍人と思った』というのです。当時、叔父は八歳、叔母は一〇歳。叔父も叔母も『お父さんは帰国する際、別れの挨拶として家の上空を飛行機で旋回した。普通の兵隊さんだとそんなことはできないから、地位の高い人ではなかったか』ともいっておりました。また、『何も憶えていない』の一点張りだった実母は『研修医みたいな……あなたのお父さんは東京出身で当時、中山という医者と一緒に働いていたよ』といったのです。それから、父と母が暮らしていたのはカドンカンダンという町だったことがわかりました。父が東京の中山という医師と一緒に働いていたというこの中山医師から、手掛かりはつかめないでしょうか」

「医師の中山さんだけでは、お父さんのアカサカさんのことはわからないと思います。念のために再度調査をしてみますが……」

内山の口は重かった。

戦後六十余年、それまでたびたび思い出して記憶として頭に刷り込んでいるならともかく、実母には実母の生活の仕方があったようで、今になって何か思い出したとしても、それが情報として役立つかどうかはわからない。ネティは叔父や叔母の記憶を「八歳、一〇歳になっていたから覚えていることは確かでしょう」といっていたが、それをどうとらえていいのか。二転三転と変化をみる情報自体、調査の壁を厚くする。内山に必要な〈父親の情報〉は、これまで幾度も記したように、明確な〈職業〉〈所属部隊〉〈氏名〉。このいずれかでも手掛かりになる情報があれば、調査の糸口は見つけられる。いずれにしても手掛かりになる情報が欲しい。

「母にも訊いてみますから、もう一度調査を」

母親と交流のないネティは、すがるような目線を向け、新たな調査に期待をして頭を下げた。

現在、この調査は保留となっている。ネティのように机上調査で「調査据え置き」となっているのは、重複するが、他に三一人いる。

翌日、ネティもエルンストも観光旅行に出かけたのだった。

兄の激励

エルンストが、北陸の異母兄弟の兄に会いに行ったのは、旅行の最後の日である。

朝七時半すぎ、JR大阪駅から特急電車に乗り込んだ。

同行者は内山と通訳の大西知子。大西はオランダ在住のオランダ語のプロの通訳者であるが、たまたまこの時期に帰国。内山に請われて快く協力を引き受けている。

「夕べは、まったく眠れなかったよ」

車中のエルンストは冗談をいうように頬を両手で叩いた。

目が赤い。ここまで来れば時間にすべてを任せようとでもいうのか、何かしら伸びやかな雰囲気が体全体から発散されていた。

内山は向かい合って座っているエルンストに、これから会う兄の情報を細部にわたって話した。内山は序章冒頭に記した〈捜し〉のときから兄には会っていないが、会ったときの消極的な印象がその胸中に残っている。兄に必要以上の迷惑をかけないようにと気を遣った。

「どんなことでも内山さんに従います。よろしくお願いします」

素直に返事をするエルンストに笑顔が見られた。

十時二十五分、電車は目的の駅に到着した。

改札口までは、ホームから階段を下り、頭上を何本ものレールが走っている地下道のような細長い構内を進んで、さらに階段を上っていかなければならない。三人がホームの階段を下り地下道にさしかかったときだった。

「ウ・チ・ヤ・マ・さーん」

先頭を歩いている内山の耳に前方からかぼそい声が聞こえた。声の方を見ると、背広姿の中肉中背の兄がひょろりと立っている。慌てて内山は後ろからやって来るエルンストに声かけた。

「お兄さん！　あなたのお兄さんですよ！」

内山と通訳とが気がついたときには、すでにエルンストと兄は狭い通路で固く抱き合っていた。

昨夜は兄も眠れなかったのだろう。意表を突いた出会いだった。

内山の気遣いも世話も不要となり、ここでのことはすべて兄に任せることになった。

外に出た兄とエルンストは、内山が借りてくるレンタカーを待った。兄の車にはエルンストと通訳が乗ることになっている。内山の車を待つ間、歩道脇でエルンストは兄を見つめ、何度も感激の言葉を発した。

「兄さんは、弟にそっくり。顔もその頭髪も弟によく似ています。本当に弟にそっくりだ」

すると兄は気まずそうに通訳に向かっていった。

「あのぉ、そんないわれ方、ちょっと嫌なんですけれど。私が弟に似ているというのではなく、日本では、お兄さんに弟がよく似ている、というんですけれど……伝えてくれませんか」

すぐにエルンストは気がついていい直したのだった。

街の中心部にある県庁を見学しているうちに昼となり、みんなは兄の予約をしていたレストランへ入った。広い店内はテーブルも大きく父親の話をするには打ってつけ、ここで互いに父親の情報を出し合うことになった。

兄の提供した資料のなかには父親だけではなく、家系を説明するためか、たくさんの写真が用意されていた。父親やその妻の写真に交じって、豪農を想像させる築山のある実家の庭で、父親の両親、つまりエルンストの祖父母や親類縁者が勢ぞろいしている写真もあった。兄は刑死した父親のことが書かれた本やその新聞の切り抜きなども忘れなかった。一つひとつの兄の説明をエルンストは耳をそばだてて聞き、目を光らせて写真や資料に見入った。

エルンストも兄に確認してもらいたいことがあった。

それは、エルンストが数年前にオランダ戦争資料館所蔵の一冊の本から抜き出して来た父親の情報だった。そこには日本軍に殺害された母方の父、つまり祖父の名前もあった。父親については〈氏名〉は合っているが、〈鼻髭に丸い眼鏡という顔は、まさに「憲兵隊の父」の俗称をもつ……〉とある。そしてその残忍さも記されていた。前々からエルンストが、「それでも人間にはよいところがある」と父親を信じてきたのはこの残忍な記録が大きく影響している。

「ここに父さんの名前がありますが、これは本当に、父さんのことでしょうか」

「父は鼻髭を生やしていない。確かにこれは父の名前になっているが、間違いだ。戦時中、父から届いた写真をもってきている。見てごらん、この写真の父には髭がないでしょう？　丸い眼鏡も間違いです。父は眼鏡をかけていません。だからこの記録は父のことではないですね」

父親の写真を見たエルンストは小さな声で叫ぶようにいった。

「本当だ、父さんには鼻髭がない！」

エルンストのもってきた写真のなかの男性はおそらく父親の仲間の男性であろう。そうだとすれば、この男性も同じくBC級戦犯に問われたが、臨時軍法会議にかけられる前に死亡している。

通訳がさらにエルンストの持参したその資料を兄に読んで聞かせた。

兄は「これも違います」を連発した。資料の誤認を他ならぬ兄がきっぱりと指摘してくれたことにエルンストは救われた。何ごとにも代え難い嬉しいことだった。そのあと兄は、スマトラから届いた父親の葉書や手紙を目の前に広げ、遺書も見せながら父親について語った。

父親の刑死は一九四八（昭和二十三）年二月四日、享年三七。子煩悩な父親だったという。

昼食の時間は予定をオーバーして長くなったが、二人にとって有意義な時間となった。

兄は、隣の地域にある空き家になった父親の生家を案内した。それから墓のある場所へと向かった。墓は田園地帯のなかの広々とした敷地にあった。一族の大きな墓石がずらりとならぶ。そのなかに父親の立派な墓石があった。先にお参りをすませた兄がいった。

「ここには出征前に遺していった父のツメが納められています」

エルンストは納得したかのように頭を何度か縦に大きく振って頷いた。途中花屋で買った花を墓前に手向け、オランダからもってきた蠟燭立てや飾り物も供え、両膝をついて心ゆくまで手を合わせた。兄は少し離れたところからその様子をじっと見ていた。立ち上がったエルンストは遠くの山並みや景色をゆっくりと眺めて写真に収めた。

兄は何度も時計を見て、次の予定地である郷土記念館へと急いだ。

その車中でのことだった。家屋の点在するローカルな風景が視線の先からどんどんと後方に流れ去っていく。エルンストはフロントガラスの前方を睨みつけるようにして助手席に座っていた。ハンドルを握る兄も真っ直ぐ前方に目を置いていた。兄はエルンストにいい聞かせるように語りはじめた。エルンストの真後ろには通訳の大西が身を乗り出して控えている。

「君と弟さんが、ここまで成長するには、辛いことが多かったと思う。それでもこんなに立派になった君が、今日、墓参りに来てくれたことを父は喜んでいるはずです。父は優しい人で、家族思いだった。私は、父は日本の戦後の礎となったと確信している。だから、どんなときでも父を恥じたことはない。心から尊敬している。君と弟さんも父を誇りにして生きて欲しい。胸を張って堂々と生きていってもらいたい。私が君に話しておきたいのはこのことです」

「父を誇りに思え」。これこそエルンストが望んでいた人生の金科玉条とする言葉。目に糸のような一筋の光るものを乗せたエルンストは、今にも泣き出しそうな顔をしていたが、涙は落とさなかった。

父親が刑死したとき、兄は小学校の高学年、エルンストは二歳。いっときのことではあるが、幼いころ父親をスマトラ・メダンで失った異母兄弟の熱い心の交流があった。

兄は郷土のよさを知らしめようとしたのか、自然公園も予定に入れていたが、郷土記念館で見学していると時間不足となるため、そこを飛ばして、駅に向かうことになった。

いよいよ別れの時間が迫ってきた。

駅のホームに立って電車を待つ間、エルンストは兄との別れを惜しんだ。

「オランダに来て下さい。ぜひ家に泊まって下さい。家内と一緒にお待ちしています」

「ええ、一度行かせてもらおうと思っています。体をたいせつにして下さい」

ホームに滑り込んできた電車に乗り込んだエルンストは、いったん座席に荷物をおいてふたたびホームに降り、最後にすがりつくように兄を抱きしめた。三度目の抱擁だった。

「兄さんに会っていると、父さんに会っているような気持ちになりました。有難うございました」

最後にエルンストはこう別れの言葉を告げたのだった。

電車は東京に向かった。車中に人はまばら。エルンストは向き合って座っている内山に、先ほどの兄との会話を簡単に報告した。

「有難うございました。兄さんから、父さんのことをうかがえてよかった。思った以上の収穫がありました。本当に日本へ来てよかった。内山さんのお陰です」

「それはよかった。今、何を思っていますか?」

車窓の外には蒼い海が静かに広がっていた。

ぼんやりと海に目をやりながらエルンストはいった。

「そうだなぁ、ひとりになりたいかな。今日一日、色々なことがありすぎて……」

「では、あなたをひとりにしてあげましょう。私と大西さんは斜め向こうの座席に移ります」

「いいえ、そんなつもりでいったのではありません。どうぞここに……」

驚いたエルンストはすぐさま言葉を打ち消したが、内山たちは「心ゆくまでどうぞ」と笑いながらいって、移動した。

エルンストだけではない。「家族対面」は、内山にも大西にも、関わった人それぞれに深い喜びの余韻を残す。ひとりになりたいのはみな同じなのだろう。三人は別々の座席を取り、黙り込んで機内販売のコーヒーを飲んでいた。

その夜、東京・芝のホテルで開かれたレセプションにエルンストと内山は時間通り駆けつけた。通訳の大西とは東京駅で別れている。

会場となった小部屋では、一〇人の二世がみな晴れやかな顔で臨んでいた。関係するボランティアの人たちの参加もあり賑やかになった。

人なかに入ると、エルンストは我然活気づき、喜びではち切れそうだった。名刺交換しながらハイトーンになった口調で一人ひとりに墓参に行ったことを語り「有難うございました」と礼を述べて歩いた。この机上調査に協力したインドネシア戦争体験者の大庭定男と池上信雄も参加していた。内山から報告を聞いた二人はねぎらいの言葉をかけ、ことのほか祝福した。二人の協力を内山はエルンストに伝えた。エルンストは大庭、池上に丁寧なお礼の言葉を述べながら抱き合った。国を超えた人間同士の思いやりが周囲の人々の心を温めた。

ネティは仲間と一緒に立食のご馳走を皿に盛って、箸を使いながら談笑していた。

「こんなご馳走攻めの毎日は、一生に一度あるかないかだわ。日本のお料理は美味しいですね」

興奮気味のエルンストをちらりと見て本音をのぞかせた。

「彼、よかったわね、お兄さんにお会いできた上に、お墓参りをしたのでしょう? 本当によかった。でも、やっぱり羨ましい。いつか私もそうなりたいわ」

意識的にか無意識にか、ネティは楽しい話題を選んで披露していた。

「今日は歌舞伎座を見学させていただいたの。そこでお客様から突然肩を叩かれて、ナントカはどこですかって尋ねられた。私を日本人と思ったみたい。いえいえ私日本語できませんと、英語で答えた。その方は驚いていたけれど、私もちょっと驚いた。日本では私日本人で通るみたいね。楽しい思い出になそうです」

そのときの驚きを身振り手振りで再現する、その笑顔は輝いていた。

「私、帰ったら日本語を学ぼうと思っているの。日本語で父を捜せたらいいと思って。オランダに帰ってからは山ほどしなくてはならいことが出てきた。どうしても父のことは諦め切れないから、縁を切っている母に訊くしかないしね。こんな前向きな気持ちになれたのは、やっぱり日本に来られたからだと思うわ」

旅行中、考えることといえば父親のことばかりだったという。

幼いころから父親を恋しがる二世もいれば、個人的な事情で五〇歳以降から父親を求める二世もいる。〈父親捜し〉を望む年齢は様々であっても、父親を慕う一途な気持ちにへだたりはない。

第十章　たったひとりの戦後処理

これまでの十五年間、内山馨の日常は〈父親捜し〉に明け暮れた。

「来週、東北の方に行くから、ちょっとお金の用意を頼むよ」

妻の延子に予定を告げると、

「また？」

それ以上何をいうわけでもないが、語尾を上げた明るい声で、延子にさらりとこんなふうに返事をされるたび、その言葉が胸に突き刺さってくる。遠方の調査がつづくと内山はすまないような気持ちになることがあった。旅先から必ず延子に電話を入れている。心配をかけまいとする気持ちより感謝の気持ちの方が強かったが、それを口にすることはなかった。

普段は〈捜し〉に関心をもっていないように見える延子だが、二世の対面が順調に進んでいる様子を伝え感動した場面を聞かせるときなどは、心から嬉しいといった表情を見せた。内山を支えてきたのは妻延子と三人の子どもたちである。家族はいつも遠くから見守っていた。

〈父親捜し〉とその周辺

家族のことで心配ごとがないのは有難いことだったが、だからといって、毎日が理想的な調査の環境にあったわけではない。この活動では大きな喜びが得られる半面、苦い気持ちを味わうことや悲しい感情を抱えることが少なからずある。必ずしもそれが〈捜し〉に直接関わることではないにしろ、様々なことが身辺に起きてくる。まずは身体的なことから取り上げていこう。

前述している病気と重複するところがあるが、運転中の交通信号の色識別に、不安を憶えはじめたのは七九歳になってから。両眼ともすぐに白内障の手術を受けた。それ以前、七五歳ごろから、家族に「もう年だから車は無理、電車を利用して下さい」といわれ、運転免許証の返上を強く進言されていた。だが、地理の知識に乏しい東日本ならともかく、馴染みのある西日本をまわるのはやはり車が便利。春夏秋冬、雨天の日でも、降雪の日でも、自由に調査のできるのが車の利点だった。さすがに両眼を手術してからは、家族の意見を無視することもできず、車での調査はやめた。

最近の調査ではもっぱら電車を利用している。

そうなると、季節や天候に敏感になり、雪解けを待ったり台風どきを避けるなどの配慮をするようになった。思うように調査が進まない。それでも最善を尽くすことは忘れなかった。現地ではレンタカーに乗ることもあるが、この利用も減少している。

車から電車に代わったころから体力強化に励み出した。〈捜し〉に必要なのは脚。八四歳ぐらいまでは、徒歩で十五分ぐらいの体育館へ出かけ、トレーニングマシーンを使って六、七キロ歩いていた。

八五歳をすぎるとちょっとしたことで捻挫をしたり、腰痛が出るようになり、以前よりトレーニングを休むことが増えてきた。現在は走行距離を二、三キロに落としてトレーニングをつづけている。健康管理はもとより、自己体力の保持が内山の隠れた努力の一つだった。

心を啓発してきたできごとも幾つかある。

これは、内山が歳月をかけてようやく結果を出し、家族到達した〈捜し〉の第一号インドネシア・スマランで依頼されたヒンの件にまつわるできごとである。

〈捜し〉に六年。経験不足もあって苦労を重ねた末、ようやく出したこの調査結果を、よりにもよって、見知らぬ人が、自分の捜した成果として、まことしやかにエッセイに綴って発表したのである。戦争中、ジャワで憲兵だった人物。綴られている内容は、ヒンと面会した異母兄弟の兄が、内山から訊いた〈捜し〉の足跡をそっくりその人物に語ったのであろう。そのエッセイには、内山が調査で歩いた通りを、そのまま自分が歩いたように、たとえば乗車した電車の時間なども細かく記されている（筆者の手もとにこのエッセイはある）。偶然これを読んだ内山はショック、遣り場のない怒りが湧いた。この人物の動きには後日談がある。このエッセイのお陰で、周辺の人々から好意的な眼差しを向けられるようになったらしく、ジャワに関わることで人を集めては旅行をするなど、何かと目立つ行動を取りはじめた。そうしたことが耳に入ってくる。怒りに震えた。この怒りが自らの自律心を徹底させてきたのだという。

「自分だけは見栄を張ったりしないで誠実に、謙虚に進もう。目立つことより、実践でさらに結果を出していこうと思いました」

内山は、元憲兵のこの人物に、今もってなお自分の調査結果であることを告げていない。発行元にも名乗り出なかった。胸に怒りを収めているが、この怒りは現在でもたまに飛び出してくる。

〈捜し〉でいえば、調査結果を無視されたケースが四件もある。

日本を訪れたオランダ人や日本人に調査結果を託し、オランダへもどったとき、団体に伝えてくれるように頼んだことがあった。それは無事に伝えられたようだが、団体は伝えた人の努力の結晶と受けとったのか、内山には何の連絡もして来なかった。このときは怒りなどなく、「そうか」ですませているが、よい気持ちはしなかった。

襟を正《ただ》したこともあった。

それは、関イ連のある方が手がけた調査だった。

「亡くなっている父親のことがわかった」。こう知らせを受けた二世は、来日して父親の遺骨を納めている寺へと案内された。そこで遺骨を抱いて写真を撮っている。父親の遺骨と信じて疑わなかったようだ。そのことを知って内山は驚いた。自らの調査では、遺骨の本人を「父親ではない」と断定していたからである。父親と思われた生前の男性の職業は医者。家族は妻だけで、子どもはいなかった。二世の行動を知った内山は大きな疑念を抱いてその家を訪問し、妻に様子を尋ねてみた。妻は「私のところに、調査に見えた方など誰ひとりもおりませんよ」と答え、まったく〈捜し〉のことを知らなかった。

調査をしないでどうやって父親を確認・認定したのか。内山には考えられないことだった。その後、二世は妻やこの家とは何ら関係していない。そのため特別な問題は起こっていないが、縁もゆかりもないこの家の元医者を、父親と思い込んでいるのはそのままになっている。慎重に多方面の調査をして父親を確定していかないと、とんでもないことが起こる。他人のいい加減な調査法を知って背筋を寒くした。「歩く調査」を徹底している一面には、こうしたあってはならないことの戒《いまし》めがある。当然のことだが、内山調査に父親の誤認は一件もない。

関イ連では初期のころ、会長加藤恭雄とフレダーの父佐藤和夫が中心となって、〈捜し〉の実践をしていたことは前述した。加藤は二世を自宅に泊めるなどして世話をした。佐藤は元厚生省へ二世を案内するなど、心のこもった世話をしている。二人は二世たちから慕われていた。

内山も同じ関イ連の会員だが、〈捜し〉のことでこの二人とは交流がない。内山の手にする依頼状がサレミンク神父から渡されていたからであろう。内山が成果を上げはじめたころ、二人は活動をやめている。調査法も異なる。二人に「歩く調査」はなかった。佐藤の逝去後のことになるが、佐藤所蔵の名簿を内山はその実弟から譲り受けた。その後のこの活動に大いに役立たせている。

内山の活動には、家族訪問したときなどに見られるように、粘り強さがある。家の訪問にしても簡単には諦めない。その理由の一つにはこんな気持ちがあった。

「お父さんに会いたい、という二世の真剣な気持ちをよく理解しているからです。また、この活動は、多くの面識のない人々の知恵や手を借りて、ようやくその家までたどり着いています。みなさんの協力とご厚意を思うと、多少の困難があっても、私がその場をいい加減に終わらせるということは、まずありません」

国との交渉で失望したことがあった。

元厚生省へ乗船者名簿の開示を求めたとき、個人情報重視でけんもほろろに断られた。手掛けた調査では、父親が蘭印から帰還したその船の名前まで調べがついていた。同省が所有している帰還船の名簿には父親の氏名・住所が載っている。その名簿を開いて調べてくれさえすれば、そこで父親のことを確認できるが、それをしない。

国は二世のために何もしてやらないのに、と心のなかで怒りが爆発した。

「国がしなければ私がやる」。黙って重責を自らに課したのだった。

初期のころのことになるが、心に隙間ができたことがある。

信頼を寄せていたサレミンク神父が、一九九七（平成九）年四月四日、突然癌で逝去した。前年、ニッピーの熊本入りで一緒に国民宿舎に泊まったとき、体調の悪そうな様子を目の当たりにしていたが、癌が進行していたことまで知らなかった。〈捜し〉は孤独な作業である。戦友を含め友だちはいても、〈捜し〉において志を同じくした無二の親友と呼べるのはサレミンク神父ひとりしかいない。

「すいませんね、いつも。大変なことをお願いして」。励ましてくれた神父がいないのだ。大きな喪失感が襲ってきた。神父の亡きあと〈捜し〉は、一九三一（昭和六）年生まれ、JINが発足する以前から〈父親捜し〉をしていた、先輩格のルカ・ホルスティンク神父に引き継がれたが、その間、半年ほど空白の時間ができた。脳裏に「やめようか」との気持ちがよぎった。すぐにそれを打ち消したのは、これは自分の信念に基づいて活動している、また神父の情熱と苦労を無駄にはできない、という思いからだった。その後、ルカ神父は、内山の最大の理解者となってともに〈捜し〉に尽力している。

〈捜し〉において、たまには愚痴りたくなることもある。

父親が、ジャワのスラバヤにあった銀行に勤務していたことを、調査でつかんだときのことだった。二世の送ってきた写真に当時の公立中学校のマークが写っていた。これは関西方面の、いや神戸の学校だろうと予測し、伝統校を調べて、各学校に複写した写真と手紙を添えて送った。

「このマークはそちらの学校とは関係ありませんか」。ある学校から「これはわが校のマークです」との返事が届いた。神戸駅の前にその学校の同窓会の事務局があり、そこで同窓会名簿を調べてみると、ぴったりと名前が合った。机上調査は完了。さて次は住所の調査にかかろうとした矢先だった。「その調査はやめて下さい」。オランダからストップがかかったのである。やめる理由もわからないまま中断したが、この調査と作業には特に骨が折れた。このときは「つくづくと嫌になりました」。〈捜し〉をやめたいとまでは思わなかったが、多くの人を巻き込んでの調査だったたけに、その人たちにたいする申し訳なさがあり、情けなさも手伝って嫌になった。

調査が中断させられるたび意欲がそがれた。前出したように「中断」は四件ある。

不本意なことが起こり多少の感情の起伏があっても、気持ちを引き立たせてくれるものがあった。それは関係者から届く便り。毎年オランダから「元気で暮らしています」とたどたどしい日本語でその後の様子を記したクリスマスカードが届く。日本の家族からも「お陰さまで、私どもの交流はつづいています」と手紙で連絡を受ける。そんなときが至福の時間。心のなかに太陽が差し込んだような明るさが何日もつづき嫌なことなど吹き飛んでしまう。そしてさらに懸命に調査に向かうのであった。

自らに責務を課して一途に邁進してきた歳月のなかで、内山はいつの間にか〈捜し〉に生きがいを見出してきた観がある。

とはいえ、これほどまでに精魂傾け、人生の晩年を賭けている〈父親捜し〉の活動とは、いったい二世たちに何をもたらせてきたのだろうか。二世たちのその後はどうなったのか。ここで紹介した二世のなかから数人を選んで、その後の人生を追ってみる。

二世たちのその後

ニッピー・ノヤ（第四章に登場。以下同じ）。

熊本の異母兄弟である兄の中田寛治から父親の遺灰を託されたニッピーが、オランダへ帰って三カ月ほど経ったころの話である。

音楽家であるニッピーは、コンサートへ行く途中、車を運転しながら突然涙がこぼれてきて泣きじゃくった。

「父の墓参りができたことや、異母兄弟に会えて親しくしてもらったことが、僕自身の治療になっていたように思います」

気持ちが安らいだのはそれからだという。

報告したい人があって出かけて行ったのはこのあと。それは幼いころ一緒に暮らしていた養父のノヤの離婚した妻、つまり養母だった。ニッピーは音楽家として成功してから、二人を捜し出して、毎年クリスマスに会いに行っている。これについてニッピーは「暴力を受けた側が、暴力した人に近づいていくということが普通に起こるのです」と説明した。

養母の家へ行った。すでにオランダの新聞三紙に「パーカッショニスト、日本人の父親、見つかる」というような見出しのついた報道記事を読んで、その身の上に起きたことを知っていた養母は、会うなり泣き出した。「ニッピー、許しておくれ。私が悪かった」。幼いニッピーを母親から引き離した上に、虐待していたことへの謝罪を初めて口にしたのである。

養父ノヤが死んだのはそのあとだった。ドイツで仕事をしていたとき、警察から、死体の確認に来てもらいたいとの電話がかかってきた。急遽、車を飛ばしてオランダの警察に駆けつけた。ノヤは死後三週間経って発見されていた。遺体安置室に案内されるとき係りの人の立ち合いを拒んだ。「僕ひとりで会わせて下さい」。遺体と対面したニッピーは思いっ切り怒りを口にした。「あなたは今死んで霊界に行ったね。そこには僕の本当の父がいるんだ。父に謝れ！　今まであなたの子どもを罵倒し暴力を振るいつづけたことを、悪かったと謝るんだ！」。鬱積していた気持ちをノヤに向けて爆発させたあと、係りの人に入ってもらった。「ノヤが亡くなったことで、大きな荷物が背中から落ちた感じがして気持ちが楽になりました」。嫌な思い出はすべて消え去った。

母ジョセフィネとの関係が修復されている。

「日本へ行って、僕は母をとりもどしたような気がしました」

母ジョセフィネの口から、ごく自然に「中田房雄」の名前が出るようになった。「あなたの歩き方、お父さんにそっくりね。お父さんを思い出すわ」。日本が懐かしい。「日本は山あり川ありでインドネシアの故郷に帰ったみたい。自然の風景を見るだけで心が落ち着くわね」。ジョセフィネは、墓参をする前、中田の実家のまわりで拾い集めていた石をオランダの家でずっとだいじにしていた。老衰で亡くなる前、その石を「たいせつにするのよ」とニッピーに贈っている。

墓参からちょうど十年。六〇歳になったニッピーは今の心境を語った。

「僕は幸運な人生を送っています。昔を振り返ると、たいへんな子ども時代を送っていたとは思いますが、幸いにして僕はノヤ夫妻に憎悪をもたなかった。愛されることを知らないためそんなものと思い、罪を押しつけなかったからです。このことは自分でもよかったと思っています。父が見守ってくれるお陰で音楽家として生きて行くことができます。現在は、父と母とが天国から見守ってくれていると確信しています。父親は子どもにとってたとえようのないくらい大きな存在。その父と心のなかで会えたことは本当に有難いことでした。日本の異母兄弟に深く感謝しています」

ニッピーは、日本の異母兄弟たちやその子どもである姪や甥、さらには姪の子どもというように交流の輪を大きく広げ、家族意識を強めている。

「内山さんにはどんなに感謝してもし切れないくらいです。長い間父を捜しましたが、依頼状を送ってから割合早くに見つけてくれました。内山さんのことは第二の父と思っています」


シャーナ・ハルティーニ（第五章）。

机上調査のスピードが最も早かった神戸の谷口政雄の長女。

母親は妊娠中にジャワで別離を迎えた。父親のことを思いつづけ、再婚しないで女手ひとつでシャーナを育てた。父親が見つかったとき、興奮したのは母親の方だったという。「このまま日本へ飛び立ちたい」。そんな様子を見せた。だが、シャーナは日本で父親に会ったとき、喉まで出かかった母親の言葉やその様子を呑み込んだ。

「私にはどうしても、今でも母はあなたのことを恋しがっていると伝えることができませんでした。異母兄弟の妹をはじめ日本の家族がよくしてくれたし、優しかったから。みなさんを傷つけたくなかったのです」

オランダへ帰って日本で撮った父親の写真を母親に見せた。「『あら、こんなに年がいったの？　昔は綺麗な人だったのに、今すれ違ってもわからないわね』、と自分も年を取っていることをすっかり忘れて、じっと見入っていました」。父親の言葉を伝えた。「お母さんはどうしてる？」「お母さんによろしくいってくれ」。これだけだったが、母親はそれでじゅうぶん満足していたそうである。

父親と会ってから六年が経つ。シャーナは自分の変化に気づいていた。

「心に父の像がなかったせいか、私には男性にたいする怖さがあり、上手に人間関係を作れないところがありました。男性にたいする不器用さは母がもっていたもので、私はそれを植えつけられ、長い間、不安定な精神状態にあったのです。でも、父の姿が具体的な像として心のなかに現れると、男友だちとの関係がスムーズになりました。気持ちが落ち着いたのではないかしら。誰とでも気軽につき合えるようになって毎日がとっても楽しい。自分では父と会って何もかにもが変わったと思っています」

フレダー・レインダース（第二章・佐藤和夫の長女・JIN会員ではない）。当稿に明記した二世のなかで父親と再会してからの時間が一番長い。この時点で十五年が経つ。

「私も多くの二世のように、日本人の悪口を叩き込まれ罪の意識をもって成長しました。それまで父のことを訊かれるたび『戦争で亡くなったわ』と答えるのが精いっぱい、返事をするのが辛くて心がねじれていました。父に会ったのは私が四六歳のときのことです。『お前を育てられなくてすまなかった。お母さんが昔のことを教えてくれなかったなら、私に何でも訊きなさい。お前が納得するまですべてを教えてあげる』といってくれ、なんて立派な父かしらと私は感激しました。もちろん、それから人生ががらりと変わりました。『お父さんは?』と訊かれるたび、『元気よ』と胸を張って答えられる。何かに脅えるようなびくびくした気持ちがなくなっていました。心の安定している人間になったということでしょうか。父がいることで私の人生が完全なものになったからです。すでに父は亡くなりましたが、日本の叔父夫妻が優しく受け入れて下さることもあり、私は心から日本の国を愛し誇りをもっています。本当の故郷はインドネシアより、日本だと思っています」

二世のなかには、調査結果が出ても、自分の思いを簡単に断ち切ることができない人もいる。

テレーザ・ヘイド。

大学や専門学校でフランス語の教鞭を執っている。夫は逝去、子どもはいない。若いころから学ぶことが好きで日本の文学、歴史、文化に詳しい。黒い髪と黒い瞳。理智的な人柄が印象的。

内山の調査では次のような結果が出ている。

父親は死亡。調査結果は「到達したが、全家族死亡」

〈父親の氏名〉=〈モリ　タダシ〉=「森正」。

〈出身地〉=佐賀県武雄市。

〈職業〉＝台湾警察官。

〈父親の情報〉＝一九四六（昭和二十一）年九月一日、浦賀港着の船で帰国。

家族全員死亡という調査報告を受けているが、それでもテレーザは諦め切れないでいる。

「何としてでも父の『森正』を捜し出したい。心のなかに父はいるのに、顔のない存在なんです。それで気持ちが落ち着かないのです」

しかし、亡くなっていることがわかっただけでも、大きな成果といえませんか？

「そうですね、内山さんには感謝をしています。調査報告も予想以上に早かった。でも、頭でわかっていてもふっと湧き起こってくる気持ちがあるのです。お父さんを知っている人と話したい。どういう人だったかを知りたいと。こう思うとたまらなくなってくるのです」

内山調査によると、父親はインドネシアから帰還していったん東京に落ち着いたが、一九六一（昭和三十六）年に死亡。同年はテレーザの一家がオランダ移住した年に当たる。父親の出身地である佐賀県武雄市で行われた調査では、父親には妻とひとり息子がいたが、航空兵の息子は、戦時中ニューギニアで戦死していることがわかった。息子の名前は町の公園に建っている戦没者の慰霊碑に刻まれている。妻もいつのころか死亡。このため「全家族死亡」となっている。

父親に兄弟がいたことは想像できた。父親と一緒に働いていたという人を、大分県で見つけて電話で話をしたもののその家は交通機関のない山奥にあった。出かける機会を逸した。テレーザへの報告は「これで〈捜し〉の調査をひとまず打ち切ります」となった。

現在、テレーザが捜したいと考えているのは、父親の兄弟ならびにその血筋の人たちである。

「父の親族を捜し出して、私はここに属する人間なのだと思いたい。この気持ちは若いころより歳を重ねるほどに強くなりました。それに、誰でも、自分の顔が母親か父親に似てきたとわかりますが、私たちの場合は日本人の血があり、インドネシアの血が入っているから、どっちつかずになる。やはり今の時点で、自分の父親のことがまったくわからないということになると、私のような子どもにとってはひじょうに厳しい。私のアイデンティティがはっきりしないからです。とにかく父の顔を知りたい、どんな人柄だったのかも知りたい、父のお墓にお参りしたいのです」

テレーザも「日蘭平和交流事業」の旅行で来日している。このとき、在オランダで時折JINの通訳の支援をしている井出かおりが帰国していた。二人で武雄市内の墓地を三カ所まわり、日の暮れるまで「森正」の墓石を捜したが、とうとう捜し切れなかった。

今後、具体的にはどんな捜し方を望んでいますか?

「佐賀県の新聞に広告を打ってみようかと考えています。父の親族が目にして連絡してくれるかもしれない。また、内山調査では、父の同僚の方が山の奥にいることを突き止めたそうです。その方にも会ってみたい。できることは何でも試みたい。こんな気持ちでいっぱいです」

父親の親族を捜し出すことに執念を燃やしている。

テレーザのように調査結果が出ても納得しきれない二世たちは他にも多数いる。

調査結果は二世たちに悲喜こもごもの感情をもたらせていた。

悲劇を幸福に転換

内山にテレーザの悩みを告げると「今度来日して、墓を捜すというのであれば、手伝ってあげるつもりです」と、ケアには積極的な意欲を見せた。

テレーザの件にかぎらず、いまだ消息のつかめていない父親のことを考えると、内山の気持ちも晴れない。たとえば、机上調査で「据え置き」としたなかには、時間をかけて捜せば何らかの手応えが得られるのではないか、と思いながらも調査を打ち切ったケースがある。

「私にもう少しの経済的な余裕があれば……民宿に一カ月ほど泊まり、時間をかけて入念な調査をすれば、もっと何かがわかったのかもしれません」

ぎりぎりの経費と時間を割いて調査をしている。重複するが、家族（親族）が見つからない場合の調査経費は、内山の自己負担。この自らの提言に後悔はしていないが、物事にはおのずと限界がある。決断して引き上げるときには、いつも心の片隅に悔しさが残るという。

期待通りの結果が出ないとき、内山は依頼主の気持ちをこんなふうに考えている。

「私はたえず二世の方々を激励し、勇気づけるためにこの活動をしてきました。二世の方には、日本人が自分のために時間と労力を惜しみなく費やしてくれたのだから、これからも頑張っていこう、と思っていただけたら有難い。私の立場ではそう願わずにはいられません。仮りによい結果がでなくとも、今までもやもやしていた内面が調査をすることによって、幾らかでも癒されるかもしれない。そうなれば依頼主なりに、心に踏ん切りをつけることができるでしょう。その気持ちのなかには、誰も何もしてくれなかった、と腹を立ててそうする場合と、そこまでしてもらって、と納得する場合があると思います。私なりにそう思って活動してきました」

内山のボランティア精神には、当然「激励する気持ち」や「勇気づける気持ち」があってのことである。

歩いても歩いても終わりのない調査。見知らぬ人に手紙を出し、電話を入れ、会いに行く。調査資料となるのは、手掛かりを求めて日本国中を歩くその一つひとつの積み重ね以外ない。

今、内山はこれまでの活動を振り返ってこう語る。

「二世から頼まれた以上、できないということはいってはならないことです。誠意をもって調査に当たらなければなりません。自分の調査のうっかりミスが二世の人生に影を落としてしまうかもしれないと思うからです。調査に手抜きをしたことはありません。私にできることを精いっぱい努力してきたつもりですが、力はじゅうぶんでなかったように思います」

数年前から後続者を捜している。蘭印生まれの二世は、オランダをはじめ他国にもいるからだ。これからも依頼状は日本へ届くであろう。今後のことを考えるたび内山は焦燥感に駆られる。

しかし、内山の敷《し》いたこのボランティア条件は、これ以上ないといえるほど二世にとっては好条件である。私財を投げ打ってまでこの活動を引き受ける人はいるだろうか。両国のボランティア条件については、受け継いだ人たちが話し合って変更していけばよいことだが、実質的な〈捜し〉の実態、五つの支援（サービス）の実践をするのはやはり困難を極めるだろう。「机上調査」「現場調査」「真実告知」「オランダへの報告」「家族との対面」は、情熱や心意気だけでできるものではないからである。内山の知識やスキルが本人固有の財産であることを思えば、これを受け継ぐことは難しい。

アジア・太平洋戦争のさなか、蘭領《らんりょう》東印度《ひがしいんど》で誕生した子どもたち。

日本人の〈父〉を求める〝白い依頼状〟。

悲劇を象徴している依頼状であるが、悲劇は他にもある。一つには、二世たちの多くが母親や周辺の人々から入手した父親の情報を疑っていないことが挙げられる。内山のような知恵者によって一件一件本格的な調査がされないかぎり、この誤認は誤認のまま二世たちのなかに活きつづけ、それが三世四世へと受け継がれていく。もう一つは、父親の情報がまったくないため、白い依頼状さえ書けないという二世たちがいることである。彼らの心情を推し量ると言葉がない。戦争の悲惨さはその時代だけでなく、時間を経てもなお、その傷と向き合って生きていかなければならない人を大勢生むところにもある。そのことを今さらながら深く認識させられる。

依頼状の空白部分を正しく整えるための「机上調査」。

日本中の父親から、ひとりの〈氏名〉を捜し出すという最も難解なこの調査こそ、内山調査の真骨頂である。内山馨の〈父親捜し〉は、現代社会において、父親の顔も知らないという、あってはならないこうした二世の「悲劇」を「幸福」に転換し得る力になっている。

名利を求めず無欲で誠実、目立たぬようにと一市民であることに満足し、健康的な日常生活を送りながら知らず知らずのうちに国のできない偉業を成し遂げていく。戦争体験者である内山のこのボランティア活動には、到底若い人たちでは立ち打ちできないスケールの大きさがある。

二〇〇九（平成二十一）年は、春から五通の依頼状が届いた。うち二件は、大分県と北海道とで父親の親族を捜し当てている。

同年、最後の親族対面場所となったのは北海道だった。同地へは十一月五日、内山が先に赴き、翌日、オランダからＪＩＮのヒデコと夫のハンの二人が訪れた。依頼主はヒデコのいとこだったが、都合があり、その代理としてヒデコ夫妻が訪問したという事情がある。

北海道で、ヒデコは内山の顔を見るなり、昔のように飛びつかんばかりに駆け寄って来た。

「内山さん、私、もうすぐ六五歳になります。あっという間の年月でしたね」

二人は弾けるように笑って再会を喜んだ。

数年振りの出会いだった。

心を一つにしてともに歩んできた歳月。

ヒデコが小さなグループを設立してから約三十年が経つ。互いに尊敬し信頼し合っている内山とヒデコは多くを語らずとも心は通じる。北海道の親族の手厚いもてなしに感激したヒデコは、それが内山によってもたらされていることを誰よりも知っている。

ヒデコはこれまでの謝意を述べた。その謝辞には、ＪＩＮと櫻を含め日系二世全員の心を表すように、出会ったころとはまたひと味違うやさしさとおもいやりがあふれていた。

「内山さん、長い間、本当に有難うございました。これからもお力やお知恵を貸して下さい」

たったひとりの戦後処理。八六歳。内山の活動は今なおつづいている。


（了）

取材に協力していただいた方々に厚く御礼申し上げます。〈本文に名前を明記している方々は省略〉〈順不同〉

オランダのＪＩＮ／櫻の皆様。辻寿保　辻寿則　佐々木良治、田多幸雄　杉林武雄　大田豊吉　粟竹昭二　長坂大佐藤武史　加藤トシ子　小林梢　多園麻里　菅藤ナツコ　中野敏一　日高恵三郎　松浦観傳　井上尚　高橋実

〈本誌通訳〉綿貫葉子（葉子・ハユス‐綿貫）。

〈主要参考文献〉

『世界地理風俗体系四巻・一四巻』新光社　大正四年
『インドネシアにおける日本軍政の研究』早稲田大学大隈記念社会科学研究所編　昭和三十四年
『今はつぐないの時』加藤亮一著
『秘録　大東亜戦史　蘭印編』田村吉雄編　冨士書苑　昭和二十八年
『私のインドネシア』山本茂一郎著（財）インドネシア協会　昭和五十四年
『ジャワ年鑑』編集・発行　野村秀雄　ジャワ新聞　昭和十九年
『戦史叢書　蘭印攻略作戦』防衛庁後衛研修所戦史室著　朝雲新聞社　昭和四十二年
『ジャワ終戦処理記』宮元静雄著　ジャワ終戦処理記刊行会　昭和四十七年
『南方問題と国民の覚悟』南方問題研究所　昭和十六年
『日本占領下のジャワ農村の変容』倉沢愛子著　草思社　平成四年
『極東国際軍事裁判速記録　第三巻』編・発行　新田満夫　雄松書店　昭和四十三年
『戦後引揚げの記録』若槻泰男著　時事通信社　平成三年
『昭和の歴史』第七巻『太平洋戦争』木坂順一郎著　小学館　昭和五十七年
『南洋倉庫株式会社一五年史』南洋倉庫株式会社　昭和十一年

『俘虜情報局・俘虜取扱の記録（付）海兵学校『国際法』十五年戦争重要文献シリーズ第8集』茶園義男編　不二出版　平成四年
『外国の立法　第34巻3・4号』編・発行　国立国会図書館調査及び立法考査局　平成八年
『軍法会議』花園一郎著　新人物往来社　昭和四十九年
『ジャワ防衛義勇軍史』森本武志著　龍渓書舎　平成四年
『証言集　日本軍占領下のインドネシア』インドネシア日本占領期史料フォーラム編　龍渓書舎　平成三年
『戦う文化部隊』町田敬二著　原書房　昭和四十二年
『西ボルネオ住民殺害事件　検証ポンテアナ事件』井関恒夫著　不二出版　昭和六十二年
『ジャワ・オランダ人少年抑留所』内海愛子著／H・L・B・マヒュー／M・ファン・ヌフェレン著　川戸れい子翻訳　梨の木舎　平成十八年
『JIN沿革』ヒデコ・ギスケ所蔵
『櫻議事録』クラウジィネ・メイヤー所蔵

あとがき

オランダ日系二世の父親捜しについては、たまに新聞紙上に取り上げられることがあっても、一般にはほとんど知られていない。戦争が生んだ悲劇として誰もが思い起こすのは、中国残留孤児の問題やフィリピン残留日本人の国籍取得問題である。特に前者は広く衆目を集めて市民運動を展開した。国に訴えるという地道な努力を重ねながら政府の固い扉を押し開けてきたという活動の足跡がある。

オランダ日系二世の場合は事情が異った。「父と子」というきわめて個人的でデリケートな問題を含んでいること。二世たちの「半分日本人の血を引く私たちを認めて欲しい」という訴えを知ると、現実には認めるだけでいいの？　と多少拍子抜けしてくるところがある。〝白い依頼状〟の取り扱いが一般市民には難しいように、二世たちの話を少しばかり聴いただけでは、どこを問題としてとらえ、何をさせてもらえばいいのかがわからない、という戸惑いが出てくるのもやむを得ないことである。戦争にまつわる出来事は複雑で奥が深い。色々な事情がからまっているのだろう。この問題は市民運動につながることなく、社会の片隅に追いやられた。そのことがこの問題を人々の意識から遠ざける一つの要因となっている。もちろん、私がこの問題を取り上げたのは市民運動を喚起するためではない。二世の〈父親捜し〉の実情を識《し》り、社会へアピールするためである。が、私の脳裏にはたえず「子にとっての父とは何か」「父とはどんな存在なのか」という問いかけがあった。長年のテーマである「子どもの社会問題」の延長線上に、私はこの問題を置いている。

当原稿は平成二十一年に完成していた。内山馨氏が八四歳のときである。折からの出版不況。東日本大震災。その後のさらに深刻な出版不況……　この原稿は出版社の企画からはずされつづけた。今日までに三年の歳月が流れている。この間も、内山氏は活動をつづけていた。三年間で京都府二件・岐阜県一件・長野県一件・北海道二件、出身地不明一件、と七件の結果を出したのである。不屈の精神というよりほかない。頭が下がる。外務省の企画する「日蘭平和交流事業」の招待旅行は、平成二十二年が五人、二十三年が五人、二十四年が四人、こちらも継続していることを記しておこう。

現在も出版不況はつづいているが、幸いにも、この原稿は現代書館の菊地泰博社長の目に止めていただくことができた。幸運への道を拓《ひら》いて下さったのが、三十五年以上の交流がある先輩・元出版社勤務の神島音彦氏と作家村雲司氏である。この問題を読者にお届けできることと、今八九歳を迎えているお元気な内山氏とともに出版を喜び合えることが、何より嬉しい。菊地社長をはじめ先輩方には御礼を申し上げる。同時にインドネシア、オランダ、日本の三カ国で、それぞれ、取材でお世話になった皆様には、この場をお借りして心からの感謝の意を捧げたい。

平成二十五年九月

東京都大田区　　武井優

武井《たけい》　優《ゆう》
ノンフィクションライター
一九四九年、高知県生まれ。新聞社の嘱託記者、雑誌記者を経たのち、ルポライターとして、子どもの自殺・家庭内暴力・虐待・実親に育てられない子ども等、「子どもの社会問題」を中心に教育と福祉の現場を歩く。週刊誌、月刊雑誌に子どもの殺害事件などを執筆。
編集プロダクション、(有)オフィス　ダンを設立。当社を基盤にして、子どもの社会問題をテーマにしたフォーラム『ファムケーション』を主宰。二〇一〇年六月・東京の日本青年館において、『第七回ファムケーション』を開催し、オランダ日系二世を招いて〈命をありがとう〉のテーマで、彼等の辛い心情をアピールした。
著書『子どもの心とどう向き合うか』(徳間書店)。『他人が子どもを育てるとき』(かもがわ出版)。『龍馬の姪　岡上菊栄の生涯』(鳥影社)。『おばあちゃんは　ここぞね』(鳥影社)。

オランダからの白《しろ》い依頼状《いらいじょう》
——インドネシアで生まれた日系二世の父親捜し

二〇一三年九月三十日　第一版第一刷発行

著　者　武井　優
発行者　菊地泰博
発行所　株式会社現代書館
東京都千代田区飯田橋三—二—五
郵便番号　102-0072
電　話　03(3221)1321
F　A　X　03(3262)5906
振　替　00120-3-83725

組　版　デザイン・編集室エディット
印刷所　平河工業社(本文)
　　　　東光印刷所(カバー)
製本所　矢嶋製本
装　丁　伊藤滋章

校正協力／迎田睦子